처음 시작하는
비폭력
수업

처음 시작하는 비폭력 수업

학교폭력에
대처하는
세계의 교육

김선 지음

혜화동

아이들은 훈련을 받을 때, 다른 사람들을 훈련하는 방법을 배웁니다. 강의를 듣는 아이들은 강의하는 법을 배웁니다. 훈계를 받으면 훈계하는 법을 배웁니다. 꾸지람을 받으면 꾸짖는 법을 배웁니다. 조롱을 받으면 조롱하는 법을 배웁니다. 굴욕을 당하면 굴욕을 주는 법을 배웁니다. 그들의 정신이 죽으면, 죽이는 법을 배울 것입니다.

– 앨리스 밀러(Alice Miller)[1]

---

1   Miller, A. (1987). *For your own good*. London: Virago. P. 98

어떻게 학교에 평화가 올 수 있을까?

영국 옥스퍼드 대학에서 교육학 박사를 마친 후 한국에서 맡은 첫 강의는 가톨릭대학교의 '평화교육론'이었다. 우리나라에서는 평화학(Peace Studies)도 생소한데, 평화교육론을 가르치는 교육대학원이 거의 없던 터라 처음에는 어떻게 이 수업을 이끌어 나갈지 많은 고민이 되었다.

수업을 듣는 학생들은 모두 한국 사회에서 적극적인 방식으로 평화교육에 헌신한 분들이었다. 가톨릭대학교에 요청을 하셔서 이 수업을 기획하신 수녀님은 하나원 초기부터 탈북 아이들을 위해 그룹홈을 처음으로 만들고 몇십 년이 넘는 시간 동안 많은 탈북 어린이, 청소년을 돌보던 분이셨다. 대안학교에서 꾸준히 평화교육을 가르치신 선생님, 가톨릭교회에서 평화 세미나를 여시는 수녀님, 서울시교육청 등 다양한 교육기관에서 평화교육 및 다문화 교육 세미나를 여시고 활발하게 활동하시는 선생님 등 모두 현장에서 나보다 더 많은 경험을 가지고 계신 분들이었다. 이런 분들에게 '평화교육'을 가르쳐야 한다는 사실에 적지 않은 부담감을 느꼈다. 과연 내가 무엇을 가르칠 수 있을까?

많은 고민 끝에 학교 및 사회 현장 곳곳에서 '평화'를 이루고 만들기 위해 노력하시는 이분들에게 자신들의 경험과 활동을 '해석'할 수 있는 이론적 틀과 더 좋은 아이디어를 발전시킬 수 있는 교육학적 방법론을 제공하자고 결심했다. 이러한 생각을 가지고 나는 석박사 과정에서 전공했던 비교교육학 이론 및 지식과 서울대학교 통일평화연구원, 한국교육개발원에서 일하면서 틈틈이 연구한 통일 교육 및 북한 교육에 대한 지식을 적절히 섞어서 커리큘럼을 만들었다. 다행히도 수업에 참여한 학생분들께서는 평화교육에 대한 시선과 관점이 새롭다면서 좋아하셨다.

우리는 마지막 시험을 프로젝트 기획 및 발표로 대신했는데, 다양한 주제로 평화교육 프로젝트를 제출하셨다. 한 수녀님은 현재 진행하시는 하나원에서의 탈북자 초기 정착민에 대한 세미나를 어떻게 발전시킬 수 있을까에 대해 발표하셨고, 다른 수녀님은 가톨릭교회에서 교인들을 상대로 하는 세미나에서 평화교육과 민주시민교육을 적절하게 반영시켜 그야말로 가톨릭 교인들에게 '온 세상에 평화를' 메시지를 전할 수 있는 교육과정을 기획하셨다. 대안 학교뿐 아니라 일반 학교 학생들을 상대로도 다양한 평화교육 수업을 진행하시는 선생님은 자신이 진행하는 수업을 개선시키는 방안을, 서울시 교육청 등 다양한 경로로 성인 및 교사에게 평화교육을 하시는 선생님은 교사 대상 세미나에 대한 모델 수업을 만들어 오셨다.

저마다 평화교육 수업을 통해 배우고 느낀 점을 활용하여 자신의 전문성을 발전시키는 모습을 보며, 나 또한 교육학자로서 우리나라 학교와 사회의 '평화'를 위해 어떻게 헌신할 수 있을까 고민하게 되었다. 그리고 이런 생각을 담아 비폭력 평화교육에 대한 책을 구상하게 되었고, 마지막 수업에 '나의 프로젝트'로 학생분들께 발표를 했다. 그리고 이 책은 그 프로젝트 결과물로 탄생했다.

옥스퍼드에서 지도 교수님께서 해 주신 이야기가 있다. 교육학은 경제학, 철학, 역사학 등 전통적인 학문과 많이 달라서 옥스퍼드의 몇몇 보수적인 학자들은 교육학을 학문으로 취급하지 않는다는 것이다. 그러면서 자기도 어느 정도 이 관점에 동의한다는 말씀을 하셨다. 그때 내가 깜짝 놀라서 토끼 눈을 뜨고 반문하자 교수님이 인자하게 웃으시면서 하신 말씀이 아직도 기억이 난다.

"교육학은 항상 그 중심에 주체가 되는 사람이 있어. 학생이든 교사든 일반 성인이든 이론이 적용되어야 하는 이해 관계자(stakeholders)가 존재함으로써만 의미를 갖는 응용 학문(applied science)이야."

이 말씀은 교육학자로서 나의 모토가 되었다. 그래서 평화교육에 대한 책을 구상하면서 내 책의 대상이 누가 되어야 할지 깊은 고민을 했다. 그 당시 한창 연예인이나 스포츠 스타들의 학교폭력 문제가 뉴스로 도배가 되었는데, 나는 이 현상을 바라보며 내가 쓰고자 하는 평화교육 책을 '학교폭력에 관계된 학생들과 부모, 그리고 교사'에게 도움이 되는 방향으로 잡았다. 그리고 이들에 대해 연구하고 정책적으로, 사회적으로, 가정적으로, 개인적으로 대안을 만들기 위해 교육학자로서 갈고 닦은 비교교육학 방법론을 차용했다.

전 세계의 학교폭력 이슈 및 현상에 대해 자료를 모으고 분석을 하면서 무엇보다 놀란 것은 학교폭력이야 말로 선진국, 후진국을 막론하고 각 국의 대중 교육(mass education)의 역사와 맥을 같이 하는 고질적인 문제라는 것이었다. 오죽하면 '학교폭력' 주제만 다룬 국제 저널 『Journal of School Violence』가 20년 넘게 지속되어 올 수 있었을까! 그뿐만 아니라 기술의 발전과 코로나 위기로 인해 비대면 교육이 활성화되면서 학교폭력의 양상과 패러다임이 급격하게 바뀌고 있는 것 또한 우리나라뿐 아니라 전 세계 국가들이 고심하고 있는 중대한 문제라는 사실 또한 알게 되었다.

이 책에서는 학교폭력을 우리나라 혹은 우리 지역 사회 및 학교에 국한된 지엽적인 문제가 아닌 국제적인 시각에서 바라보며, 이에 열린 관점으로 문제의 근원을 해석하는 것을 지향하고 있다. 따라서 구체적인 해결 방안이나 제도 및 정책을 원하는 분들은 이 책이 제시하는 관점이 조금은 추상적이고 거대하다고 느낄 수도 있겠다. 하지만 대신 이 책은 학교폭력에 대한 각국의 다양한 사례와 경험 그리고 비교교육학적 관점을 제공함으로써, 학교폭력을 해결하는 다양한 길과 방법에 대한 유연한 사고를 독자에게 심어 줄 수 있으리라 기대한다.

2021년 12월

김선

목차

1장

학교폭력의 개념

학교폭력의 정의

전 세계적으로 아동 및 청소년이 가장 많이 노출되는 폭력은 학교폭력이다. UN은 매년 2억 4천 6백만 명의 아동과 청소년이 학교폭력을 경험한다고 보고했다.[1] 학교폭력은 우리나라뿐만 아니라 전 세계 아이들의 일상 속에 자리 잡고 있다. 그런데 문제의 심각성에도 불구하고 뚜렷한 해답이 없는 실정이다.

아동이나 청소년 사이에서 행해지는 괴롭힘 혹은 왕따를 뜻하는 영어 단어는 '불링(bullying)'이다. 스웨덴의 심리학자인 댄 올베우스(Dan Olweus) 교수는 학문적인 연구를 통해 학교폭력의 정확한 개념을 정립했는데, 불링이 다음과 같은 세 가지 특징을 갖는다고 주장한다:[2]

---

1 전 세계 학교폭력 피해를 입은 학생 수에 대한 가장 최근의 통계는 2016년이다. https://news.un.org/en/audio/2016/12/620472
   UNESCO Institute for Statistics (2011). Global Education Digest 2011: Comparing Education Statistics Across the World.

2 Olweus, D. (1999). Sweden. In P. K. Smith, J. M. Junger-Tas, D. Olweus, R. Catalano, & P. Slee (Eds.) The nature of school bullying: A cross-national perspective. London: Routledge. (pp. 7-27)

1. 공격적 행위 또는 고의적으로 위해를 가하는 행위

2. 반복적으로 수행되는 행위

3. 불균형한 사회적 권력 속에 있는 관계에서 발생

우리나라에서도 학교폭력의 개념은 유사하다. 「학교폭력 예방 및 대책에 관한 법률」 제2조 제1항에서 학교폭력에 대해 다음과 같이 정의한다.

"학교폭력이란 학교 내, 외에서 학생을 대상으로 발생한 상해, 폭행, 감금, 협박, 약취·유인, 명예훼손·모욕, 공갈, 강요·강제적인 심부름, 성폭력, 따돌림, 정보통신망을 이용한 음란·폭력 정보 등에 의하여 신체적·정신적 또는 재산상의 피해를 수반하는 행위를 말한다."

법률적 정의에서 규정했듯이 학교폭력이란 학교 내에서 일어난 폭력뿐만 아니라 원인이 되는 외부적인 요인과 환경까지도 포함하는 포괄적인 개념이라는 것에 주목할 필요가 있다.

학교폭력은 많은 경우 '장난'이라는 이름으로 일어나거나 혹은 피해자에 대한 특별한 원한이나 감정이 없이도 일어난다는 점에서 누구나 가해자 혹은 피해자가 될 수 있다.

구조적 문화적 폭력

과거 사회에서는 폭력이 사회적으로 만들어진 산물이 아닌 생물학적으로 유전된다는 설이 훨씬 더 우세하게 논의되었다. 인간의 마음과 심리의 발전 경로를 진화론적인 관점에서 분석하는 진화 심리학에서는 인간은 생존과 번식의 욕구를 충족시키기 위해 타인의 자원을 탈취하고 자신의 자원을 지키는 기재로서 폭력성과 공격성을 발달시켜 왔다고 설명한다.[3] 이에 따르면 학교폭력을 포함한 다양한 공격적 행동과 폭력성은 "적응으로 진화한 메커니즘에 의해 추동되며, 이 적응은 때로는 오작동을 일으키거나 혹은 변질되어 해로운 결과를 초래한다. 결국 이 현상들은 우리의 생리로부터 분리할 수 없다."는 결론에 이르기도 했다.[4]

하지만 1986년에 동물학, 심리학, 사회학, 신경과학, 유전학, 생화학의 전문가 집단 20명이 모여 제정한 '폭력에 관한 세빌 선언(Seville Statement on Violence)'을 통해서 인류의 폭력과 전쟁에 대한 유전학적이고 생물학적인 기반이 완전히 무너졌다. 이 선언에서 과학자들은 진화론과 우생학이 폭력의 원인을 인간의 본능의 결과로 돌리면서 전쟁과 집단 학살, 식민지, 그리고 약자에 대한 차별을 정당화하는 근거로 사용되었다고 주장했다. 다음은 세빌 선언에서 발표된 다섯 명제이다.

---

3   데이비드 버스 저, 이충호 역 (2012). 『진화 심리학』, 웅진 지식하우스

4   개드 사드 저, 김태훈 역 (2012). 『소비본능』, 더난 출판, 316쪽

- 우리가 조상으로부터 동물적으로 전쟁을 하는 경향을 물려받았다고 하는 것은 과학적으로 올바르지 않다.
- 전쟁이나 다른 폭력적인 행동을 유전적으로 인간의 본성에 프로그래밍 되어 있다고 말하는 것은 과학적으로 올바르지 않다.
- 인간 진화 과정에서 다른 종류의 행동보다 공격적인 행동이 더 많이 선택되었다고 하는 것은 과학적으로 올바르지 않다.
- 인간에게 "폭력적인 두뇌"가 있다고 말하는 것은 과학적으로 올바르지 않다.
- 전쟁이 "본능"이나 단일 동기에 의해 발생한다고 말하는 것은 과학적으로 올바르지 않다.

이 선언에 대해서 1989년에 유네스코(UNESCO)에서는 "생물학은 인류에게 전쟁을 선포하지 않는다 … 전쟁이 인간의 마음속에서 시작되는 것처럼, 평화도 우리의 마음에서 시작된다(Biology does not condemn humanity to war … just as 'wars begin in the minds of men', peace also begins in our minds.)"라고 결론지었다.[5]

이러한 사고의 전환은 1990년대 폭력의 사회적이고 환경적인 요인에 대한 관심을 촉발시켰다. 이와 관련해 노르웨이의 평화학자인 요한 갈퉁(Johan Galtung)은 '구조적 폭력(structural violence)'라는 개념을 고안해 냈다. 구조적 폭력은 불평등적이고 차별적인 사회 경제

---

5 Seville Statement on Violence adopted by decision of the General Conference of UNESCO in 1989

적, 정치적 관계에서 연유한 폭력을 의미하며,[6] 이러한 구조적 폭력이 문화적으로 용인이 되어 사람들로 하여금 다른 사람에 대한 차별이나 폭력에 가담하도록 만드는 것이 바로 문화적 폭력이라는 것이다. 즉 구조적, 문화적 폭력은 물리적 폭력을 넘어서 사람들의 가치나 태도, 판단 등을 서서히 바꾸어 간다는 점에서 더 근본적이고 심각한 영향력을 지닌다고 할 수 있다.

폭력의 외부적 원인에 대한 자각과 함께 학자들 사이에서는 사회 경제적 불평등과 폭력의 관계에 대한 연구가 시작되었다.[7] 그리고 이는 곧 학교폭력의 연구에도 영향을 미쳤다. 종전의 연구가 학교폭력의 원인을 대부분 가해 학생의 심리적 상태나 가정환경에 돌렸다면 최근에는 사회 경제적 격차 및 소득 불평등과 같은 외부적 요인과 연결시켜 학교폭력을 사회적인 구조에서 연유한 것으로 보는 관점이 늘고 있다.

학교폭력의 범주

유네스코에서는 학교폭력의 개념을 다음 그림과 같이 세 가지 범주로 나누어 설명하고 있다.

---

6   John, Galtung (ed.) (1975). *Peace, Research, Education, Action: Essays in Peace Research*. Vol. 1. Copenhagen: Christian Ejlers.

7   Pickett, K., & Wilkinson, R. (2010). *The spirit level: Why equality is better for everyone*. Penguin UK.

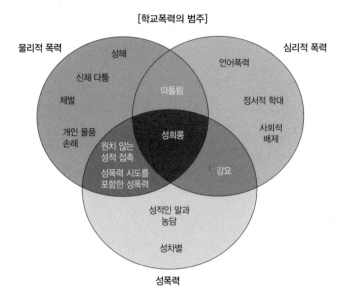

[학교폭력의 범주]

물리적 폭력

상해
신체 다툼
체벌
개인 물품
손해
원치 않는
성적 접촉
성폭력 시도를
포함한 성폭력

따돌림

성희롱

강요

심리적 폭력

언어폭력
정서적 학대
사회적
배제

성적인 말과
농담
성차별

성폭력

출처: UNESCO (2019). Behind the numbers: Ending school violence and bullying. p. 11.

첫 번째 범주는 가장 가시적으로 드러나는 물리적 폭력(physical violence)으로 피해 학생을 밀고, 때리고, 차는 등의 물리적 공격을 하는 행동이나 피해 학생의 물건을 훔치거나 파괴하는 등의 행동을 가리킨다.

이 범주에는 교사에 의한 체벌(corporal punishment)도 속해 있다. 아무리 가벼운 체벌이라고 하더라도 권력 관계에서 상위에 있는 교사가 물리적 힘을 동원해 학생을 벌준다는 것은 학생으로 하여금 직간접적으로 폭력을 학습하게 한다는 점에서 위험하다. 교사의 체벌로 인한 문제는 개발도상국에서 더 심각하지만, 선진국도 예외는 아니다. 미국에서는 체벌과 학교 안에서의 총기 사건에 연관이 있다는

연구 결과가 발표되기도 했다.[8]

두 번째 범주는 성폭력(sexual violence)으로 성폭력은 물리적 폭력의 영역과 중첩된다. 특별히 여학생에게 가해지는 물리적 폭력이 성폭력이라는 형태로 드러나는 경우가 많은데, 교사 혹은 학교의 행정직원 같은 상급자뿐만 아니라 동료 학생에게서 당하는 성적인 폭력, 터치 등을 포함한다. 물리적으로 가해지는 폭력뿐만 아니라 피해자가 받는 성적인 농담 혹은 희롱 등 언어적인 폭력도 이 범주에 포함된다.

전 세계를 대상으로 하는 인구 보건 조사(DHS: Demographic Health Survey)는 성폭력을 피해자의 의지에 반해 가해지는 모든 종류의 성적인 행동 및 언어를 포함하는 광범위한 개념으로 정의한다.[9]

성폭력 피해자 대부분은 자신이 당한 피해에 대해 솔직하게 말하거나 알리는 데 어려움을 겪는다. 성폭력을 당했다는 사실에 대해 수치심을 느끼거나 다른 학생들에게 따돌림을 당할 수 있다는 두려움을 느끼기 때문에 피해 사실을 숨기는 경우가 많다.

마지막 범주는 심리적 폭력(psychological violence)으로 '왕따' 문제가 대표적 사례에 속한다. 감정적으로, 사회적으로, 언어적으로 폭력을 가하고 상대방을 심리적으로 고립시키고 우울하게 만듦으로써 '드러나지' 않는 폭력을 가하는 형태이다.

---

8   Arcus, D. (2002). School shooting fatalities and school corporal punishment: A look at the states. *Aggressive Behavior: Official Journal of the International Society for Research on Aggression*, 28(3), 173-183.

9   UNESCO (2019). Behind the numbers: Ending school violence and bullying.

미국심리학회(American Psychological Association)에서는 "괴롭힘을 타인에게 해를 가하기 위한 의도적이고 반복적인 공격 행동"으로 정의하면서 "타인에게 해를 가하려는 의도의 유무, 공격행동이 일회적이냐 반복적이냐가 괴롭힘에 해당하는지 가리는 것이 중요"하다고 주장한다.[10] 따라서 심리적인 관점에서 보았을 때에 피해 학생에게 가하는 폭력의 종류가 물리적이든, 언어적이든, 성적이든지 간에 이것이 고의적인 동기에서 지속적으로 반복되었을 때에는 학교폭력으로 볼 수 있다.

유네스코가 정의한 학교폭력의 세 가지 범주와 함께 최근에는 학교라는 공간에서뿐 아니라 인터넷의 발달과 함께 온라인 및 모바일의 가상 공간에서 이루어지는 사이버 폭력(Cyberviolence) 혹은 사이버 따돌림(Cyberbullying)이 하나의 개념적 범주로 나눌 수 있을 만큼 심각한 문제로 대두되고 있다.

학교 내에서뿐만 아니라 SNS를 통해 학교 밖에서 피해 학생에 대한 부정적 소문을 퍼뜨린다거나 심리적 압박 및 폭력을 가하는 경우가 늘어나고 있는 추세다. 더욱이 코로나의 장기화로 비대면 수업이 보편화 되면서 온라인상에서 상호작용이 활발해지고 있는데, 갑작스럽게 확대된 온라인 환경에 비해 온라인상에서의 대화법, 예절 그리고 안전에 대한 교육은 상대적으로 부족한 상황이다.

---

10 https://www.apa.org/topics/bullying
"Bullying is a form of aggressive behavior in which someone intentionally and repeatedly causes another person injury or discomfort. Bullying can take the form of physical contact, words or more subtle actions."

2장

학교폭력은
왜 일어날까?

학교폭력과 소득 불평등의 관계

학교폭력은 신체적 폭력뿐만 아니라 언어적, 정서적 면을 포함하는 심리적 폭력 그리고 성적 폭력까지 포괄하는 광범위한 개념이다. 따라서 학교폭력의 개념과 범주를 정확하게 알고 정의하는 것이 바로 학교폭력 예방을 위한 첫걸음이라 할 수 있겠다.

또한 폭력은 단순히 개인이 가지고 있는 유전적이고 심리적인 문제를 넘어서 한 개인을 둘러싸고 있는 여러 맥락과 환경(예컨대 가정, 학교, 사회, 또래 집단)적인 영향에서 비롯되기에, 학생이 처해 있는 여러 사회적 경제적 문화적 가정적 구조를 파악하는 것이 학교폭력의 원인을 규명하는 데 중요한 단서를 제공한다.

학교폭력과 소득 불평등과의 상관관계에 대한 연구는 캐나다 맥길 대학(McGill University)의 프랭크 엘가(Frank Elgar) 교수의 연구가 대표적이다. 엘가 교수는 UN과 HSBC(Health Behaviour in School-aged Children) 등에서 얻은 데이터를 비교하여 전 세계 나라별 학교폭력 비율을 분석해 국가별 특징을 살펴보았다.

엘가 교수의 연구를 간략하게 정리하자면, 국가의 경제력을 상징하는 GDP나 인구 등의 수치는 학교폭력과 관련이 없는 반면에 한 사회의 소득 불평등은 학교폭력의 비율과 직접적인 상관관계가 있다는 것이다. 따라서 미국과 같은 소위 부자 나라도 소득 불평등이 큰 경우 학교폭력의 발생 비율이 높은 반면 스웨덴과 같이 국민 소득이 높아도 소득 불평등이 낮은 경우에는 학교폭력 비율이 상대적으로 낮게 나온다.

이에 대하여 엘가 교수는 SBS에서 찍은 「학교의 눈물」이라는 다큐멘터리에서 다음과 같이 설명한다:

"미국은 굉장히 풍족한 나라지만 훨씬 더 불평등해요. 가난한 동네 바로 옆에 백만장자들이 사는 부자 동네가 있으면 사회적 측면에서 긴장 상태가 생겨요. 이 긴장은 더 많은 스트레스, 스트레스성 질병, 폭력적인 행동으로 나타나지요. 부자 애들이랑 가난한 애들은 서로 어울리지 않아요. 서로를 놀리죠. 유행하는 옷을 못 입는 수치심, 부모들이 갖고 있는 집이나 차에 대한 조롱, 거절, 수치심을 허용하는 사회환경이 될 수 있어요. 이것이 바로 따돌림의 원인이 되는 거죠."[1]

그는 이런 분위기가 부모로부터 시작한다고 지적한다. 부모들이 "이런 애들이랑 놀지 말고 저 애들이랑 같이 놀아."라고 대놓고 말

---

1   SBS 스페셜 제작팀 (2013). 『학교의 눈물』, 프롬북스, 280쪽.

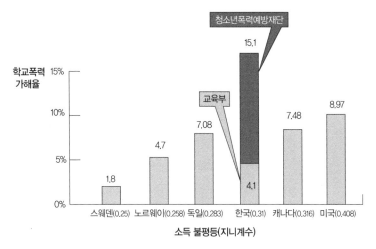

[학교폭력 가해율과 소득 불평등 연관성]

출처: SBS 스페셜 제작팀 (2013), 『학교의 눈물』, 프롬북스, 283쪽.

하지 않아도 청소년들은 금세 눈치를 챈다. 이른바 계층 의식이라는 것이 따돌림을 허용하는 사회적 환경을 만든다. 그리고 이는 학교폭력의 발생 비율과 관련된 데이터로 나타난다. 문제는 소득 불평등의 심화는 신자유주의 체제의 확대와 함께 더 많은 나라가 겪게 될 문제라는 것이다. 이는 학교폭력 문제가 전 세계적으로 더 심화될 가능성을 내포한다.

엘가 교수의 연구는 지금 한국의 현실에 시사하는 바가 크다. 우리나라야 말로 소득수준은 예전보다 높아졌지만 소득 불평등은 악화되고 있기 때문이다. 엘가 교수의 학교폭력과 소득 불평등 간의 관계에 대한 분석은 한국 사회에서 학교폭력 문제가 불거지고 있는 이유에 대한 중요한 단서를 제공한다. 한국 사회의 변화하는 사회 경제적 구조에 대한 이해 없이 학교폭력을 한 개인 혹은 한 가정의 문제로만 치부해서는 안 된다는 것이다.

학교폭력은 개인의 문제를 떠나서 한 학교, 한 지역 사회, 나아가 우리나라가 안고 있는 고질적인 불평등의 문제와도 깊은 관계가 있다. 아래 그림에서 알 수 있듯이 사회적인 위치가 낮은 가정환경에서 자란 아이들이 학교에서도 따돌림을 당할 확률이 높다. 상위나 중간 위치의 가정환경에 있는 학생들이 학교폭력에 노출될 확률은 상대적으로 적은 반면에, 사회 경제적으로 하위 계층의 가정에서 가정에서 자라난 학생들은 훨씬 더 많은 위험에 처해 있다는 사실에 주목할 필요가 있다.

이러한 경향성은 우리나라만이 아닌 전 지구적으로 나타나고 있는 현상이다. 다만 동아시아 지역에서는 높은 사회 경제적 위치를 가진 가정에서 자라는 아이들이 따돌림을 당할 확률이 다른 지역보다 상대적으로 높다는 결과도 나왔다.

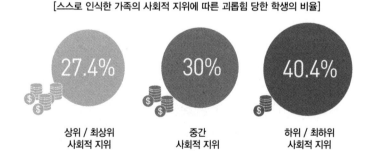

[스스로 인식한 가족의 사회적 지위에 따른 괴롭힘 당한 학생의 비율]

27.4%	30%	40.4%
상위 / 최상위 사회적 지위	중간 사회적 지위	하위 / 최하위 사회적 지위

출처: UNESCO (2019). Behind the numbers: Ending school violence and bullying. p. 29.

생태학적 이론

　아동과 청소년의 공격 및 일탈행동에 대해 설명하는 이론은 그간 많이 발전되어 왔기에 이를 참고하면 학교폭력의 원인에 대한 시사점을 얻을 수 있다.

　미국 뉴욕 시립대학교(City College of New York)에서 우울증과 같은 심리적 스트레스에 관련된 연구를 하는 공중보건학(public health) 교수인 숀펠드(Schonfeld) 박사는 청소년의 일탈행동의 원인에 대한 이론 중 대표적인 7가지를 다음의 표와 같이 소개하였다.

　학교폭력의 원인을 설명하는 이론 중 가장 대표적인 것이 생태학

[학교폭력 발생과 관련된 유형]

유형	주요 특징
생태학적 체계 이론	브론펜브레너(Bronfenbrenner)의 러시아 인형 모델(1979) 큰 인형 속에 작은 인형이 들어가는 러시아 인형 세트처럼 환경은 하위와 상위 수준의 환경이 연결되는 중첩 구조를 갖는다. 아동이 지각하는 즉각적인 환경은 상위 수준의 환경에 내포되어 있다. 맥락에 따라 구성된 활동, 역할 등은 아동의 발달에 중요한 역할을 한다. 이웃과 학교 상황은 청소년 폭력에 책임이 있다.
긴장(strain) 이론	애그뉴(Agnew)의 일반 긴장 이론(1992) 사회적 요인 외에 일상에서 겪는 여러 스트레스 요인은 아동에게 영향을 미쳐 분노를 유발하게 한다. 분노는 스트레스 요인과 비행 활동을 매개한다. 사회적(긍정적인 자극 요소) 및 개인적(숙달) 자원은 분노와 비행에 대한 스트레스 요인의 영향을 완화한다.
통제 이론	허쉬(Hirschi)의 사회통제 이론(1969) 사회에 대한 개인의 유대가 약하거나 깨지면 범죄 위험이 증가한다. 부모와 학교에 대한 애착은 관습적 규범을 내면화하는 데 중요하다. 동료에 대한 애착은 큰 역할을 하지 않는다.

사회 학습 이론	반두라(Bandura)의 사회 학습 이론(1977) 폭력적이고 공격적인 행동을 포함한 인간 행동의 대부분은 TV, 부모, 동료 등의 관찰을 통해 학습된다. 관찰 학습은 주의집중 단계, 기억 단계, 운동 재생 단계, 동기화 단계를 거친다.
사회 학습 이론	에이커스(Akers)의 사회 학습 이론(1998) 스키너의 강화 이론과 반두라의 관찰 학습을 접목. 반사회적 동료와의 차별적 접촉이 반사회적 행위를 발달시킨다. 동료들은 반사회적 행동을 강화하고 모방하게 한다.
사회적 상호작용 이론	패터슨(Patterson)의 부모와 자식 간 상호작용 이론(1989) 부모와 자식 간 상호작용의 강압적 순환. 탈출 통제. 공격성이 높은 아동의 부모는 자녀에게 처벌을 가하는 등 강압적으로 통제하려 하고, 이러한 강압적 통제는 오히려 아동의 공격성을 높이게 된다. 그러면 부모의 통제가 더 강화되는 악순환이 반복된다. 강압적 가족 분위기에서 자란 아동은 학교를 포함한 다른 상황에서도 공격적인 반응을 보인다.
사회 인지 이론	닷지(Dodge)의 사회 정보 처리 이론(1982) 인간이 행동을 할 때 사회적 신호를 입력, 해석, 저장된 행동 반응, 레파토리 탐색, 반응 선택 및 실행 과정을 거치는데, 이 과정이 어긋나면 부적절한 행동을 하게 된다.

출처: Schonfeld, I. S. (2006). School Violence. Sage Publications, Inc. p. 181.

적 이론(Ecological-Contextual Theories)이라고 할 수 있다. 학교폭력에 관한 생태학적 관점은 학교폭력을 개인의 유전적 특성이나 성향으로 한정지어 파악하기보다 개인을 둘러싼 가족, 친구, 학교, 지역사회 및 사회적 영향과의 상호 관계 안에서 파악한다. 즉 학생을 둘러싼 다양한 사회적 문화적 교육적 맥락이 던져 주는 활동, 역할, 개인적인 관계 등에 따라 학생의 폭력적 성향이 다르게 발현될 수 있다는 관점이다.

낮은 사회 경제적 위치 및 가정에서의 스트레스 요인들로 인해 학생은 가정에서 엄격한 훈육이나 체벌에 노출될 확률이 높다. 이는 학생이 가정에서 배운 공격적인 행동을 학교에서 표출시키는 등의 영향을 미친다.[2] 또 다른 연구는 실업률이라든지 사회적 공동체적 해체 등 학교가 위치한 지역사회가 가지고 있는 문제와 학교 내에서 일어나는 반사회적인 행동과의 연관성을 발견했다.[3]

사회-맥락적 요소에는 학교를 둘러싼 문화나 분위기도 포함된다. 중동과 이스라엘에서 행해진 연구에 따르면 교사의 헌신과 지원 및 학교의 친사회적인 정책이 학교폭력의 감소에 영향을 준다는 결과가 발표되었다.[4] 반대로 밀기나 치기와 같은 가벼운 폭력(low-level aggression)이 지속적으로 반복되고 학교가 이를 묵인할수록 더 심한 공격이나 폭력이 일어날 가능성이 높다는 연구 결과도 나왔다.[5]

이러한 결과는 학교 차원에서뿐만 아니라 학생의 개인적 차원에서도 동일한 경향성을 보인다. 자신이 직접 폭력에 참여했든 목격만

---

2   Lansford, J. E., Deater-Deckard, K., Dodge, K. A., Bates, J. E., & Pettit, G. S. (2004). Ethnic differences in the link between physical discipline and later adolescent externalizing behaviors. *Journal of Child Psychology and Psychiatry*, 45(4), 801-812.

3   Bowen, N. K., & Bowen, G. L. (1999). Effects of crime and violence in neighborhoods and schools on the school behavior and performance of adolescents. *Journal of adolescent research*, 14(3), 319-342.

4   Benbenishty, R., Astor, R. A., Zeira, A., & Vinokur, A. D. (2002). Perceptions of violence and fear of school attendance among junior high school students in Israel. *Social Work Research*, 26(2), 71-87.

5   Boxer, P., Edwards-Leeper, L., Goldstein, S. E., Musher-Eizenman, D., & Dubow, E. F. (2003). Exposure to "low-level" aggression in school: Associations with aggressive behavior, future expectations, and perceived safety. *Violence and Victims*, 18(6), 691-705.

했든 간에 지속적으로 가벼운 폭력에 노출된 학생은 나중에 폭력적인 행동을 보일 확률이 더 높은 것으로 나타났다.[6]

이는 우리나라에서도 동일하게 나타나는 현상이다. 1970-1980년대는 학교폭력이 발생해도 다수의 방어자가 피해 학생을 돕는 구조를 가지고 있어 피해 학생이 느끼는 박탈감이 상대적으로 적었다면, 요즘에는 학교폭력이 일어나도 대부분의 학생이 방관자로 머물러 있기 때문에 피해 학생이 심리적으로 외로움을 느끼고 압박감을 경험하기 쉬운 환경이 조성된다.

더 심각한 문제는 우리나라의 학교에서는 섣불리 피해자를 도왔다간 자신이 되레 피해자가 될 수 있다는 생각이 만연해 있다는 것이다. 따라서 많은 학생들이 학교폭력을 모른 체하거나 가해 학생도 피해 학생도 돕지 않는 방관자가 되고 있다. 이런 현실에서 학교폭력 문제를 가장 효과적으로 해결할 수 있는 방법은 무엇보다 피해 학생을 무시하고 피하는 태도가 아니라 오히려 공감해 주면서 적극적으로 도움을 주는 문화를 조성하는 노력이라고 할 수 있다. 이를 위해 "학생들이 스스로 도덕 감정을 발달시킬 수 있는 계기와 기회를 최대한 자연스럽게 많이 제공해 주는 것이 바람직할 것이다."[7]

이러한 의미에서 학교 현장은 "사회성과 공감 능력, 타인의 마음 인식 그리고 그 모든 자질을 개발하는 법"에 대해 연구하는 '마음이

---

6   *Ibid*

7   안성조 (2015). 진화심리학의 관점에서 본 학교폭력의 원인과 입법적 정책적 대책. 법학 논총, 27(3), 93-140. 129쪽.

론(Theory of Mind)'에 관심을 가질 필요가 있다.[8] 다른 사람들이 자신과 동일하게 다양한 생각과 감정, 신념, 욕구, 희망 등을 가지고 있다는 것을 인식하고 이를 기반으로 타인의 행동을 해석하며 상호작용을 하는 것은 학령기 시작 전인 4-5세 되는 시점부터 이미 발달한다. 아동 학대를 경험한 아이들이 공감 지수와 자기 조절 능력이 낮은 것은 이러한 이유에 기인한다. 따라서 학령기 이전부터 지속적으로 마음 이론에 근거하여 학생들로 하여금 다른 사람의 감정과 욕구를 파악하며 이에 대한 올바른 반응을 할 수 있게 알려 주는 인성 훈련이 중요하다.

사회적 학습 모델

학교폭력의 원인을 파악한 이론 가운데 생태학적 모델 다음으로 널리 알려진 이론은 사회적 학습 모델(Social Learning Model)이다. 메타인지(Meta-cognition) 및 자기 주도 학습(SRL: Self-Regulated Learning) 연구로 널리 알려진 심리학자인 알버트 반두라(Albert Bandura) 교수가 창안한 이론이다. 반두라 교수는 아동을 학습을 통해 자신의 행동을 판단하는 내부적인 기준을 만들고, 이를 통해 스스로 조절할 수 있는 개인으로 성장해 나가는 존재로 가정한다.

---

8   데이비드 호우 저, 이진경 역 (2013). 『공감의 힘』, 지식의숲, 72쪽.

아동의 많은 행동이 관찰을 통한 학습으로 이루어지기 때문에 공격적인 행동조차도 관찰을 통해 학습하게 된다. 그래서 아동이 폭력을 가치 있는 것이란 내부 기준을 가지게 될 때 큰 문제로 발전한다. 아동이 공격적인 행동을 관찰하고 영향을 받는 집단은 크게 세 부류로 나눌 수 있다. 바로 가족, 지역 공동체, 그리고 매스미디어(Mass Media)다.[9]

먼저, 가족에 대해 이야기 해 보자. 문제에 대한 폭력적인 해결을 선호하는 부모를 둔 아이들은 다른 사람들을 대할 때 동일한 행동 양상을 보인다는 연구 결과가 있다. 가족의 폭력 성향이 무서운 것은 이것이 세대에 걸쳐서 전이되는 양상을 보이기 때문이다.[10]

미국 오레곤주에서 초등학교 4학년 남학생들을 대상으로 한 종단 연구 Oregan Youth Study(OYS)에 따르면, 부적절한 부모의 훈육과 감독이 특별히 남학생들의 반사회적인 행동의 초기 발발과 깊은 연관을 가진 것으로 나타났다.[11] 자녀를 적절하게 훈육하고 돌보지 못한 부모로 인해 아이들은 반사회적인 행동을 지속하게 되고, 이는 학교나 지역사회에서 비슷한 행동을 하는 동료 혹은 친구들을 사귀

---

9   Bandura, A. (1983). Psychological mechanisms of aggression. *Aggression: Theoretical and empirical reviews*, 1, 1-40.

10 Silver, L. B., Dublin, C. C., & Lourie, R. S. (1969). Does violence breed violence? Contributions from a study of the child abuse syndrome. *American journal of psychiatry*, 126(3), 404-407.

11 Patterson, G. R., Capaldi, D., & Bank, L. (1991). An early starter model for predicting delinquency. *An earlier draft of this chapter was presented at the Earlscourt Conference on Childhood Aggression, Toronto, Canada*, Jun 1988..

게 하는 계기로 발전한다. 이러한 친구 관계는 많은 경우 잘 지속도 안 될뿐더러 진정한 우정을 나누는 법이 아니라 오히려 남에게 강제 하는 법이나 오만한 행동을 배우게 한다.[12]

두 번째로 아동은 자신이 살고 있는 지역이나 공부하는 학교와 같은 공동체에서 만나는 사람들을 통해서도 폭력적인 행동을 배우게 된다. 가족의 경우와 동일하게 폭력적인 대안과 싸움을 선호하는 집단에서 생활하는 아이들은 동일한 모습을 답습하게 된다.

예컨대, 남아프리카의 학교폭력 문제를 연구하는 클리브 하버 (Clive Harber) 교수는 심각한 남아프리카의 학교폭력 문제가 남아프리카의 인종차별 정책(Apartheid)의 유산이라고 주장한다. 인종차별 정책으로 인한 정치 사회 경제적인 불평등과 정부의 폭력적인 억압 문화로 흑인들이 폭력을 사용하여 저항하는 것이 당연시되었고, 광범위한 총기 소지를 야기하는 등 사회 곳곳에 폭력적인 문화가 뿌리내리게 되었다는 것이다. 하버 교수는 구조적 폭력 및 문화적 폭력이 남아프리카 사회에 깊숙한 영향을 끼치게 되었고, 이것이 학교에 그대로 반영되었다고 주장한다.[13]

남아프리카처럼 극단적인 상황은 아니지만 우리나라의 학교에도 이런 문화적 구조적 폭력이 존재한다. 가장 큰 원인은 한국 사회에

---

12 Dishion, T. J., Andrews, D. W., & Crosby, L. (1995). Antisocial boys and their friends in early adolescence: Relationship characteristics, quality, and interactional process. *Child development*, 66(1), 139-151.

13 Harber, C., & Mncube, V. (2012). The dynamics of violence in South African schools. *Pretoria: UNISA*.

만연한 경쟁 문화라고 할 수 있다. 우리나라의 경쟁 문화가 폭력으로 전개되는 모습을 그린 영화 「4등」은 천재적 재능을 가졌지만 정작 대회에서는 4등을 벗어나지 못하는 수영 선수 준호에 대한 이야기이다. 수영을 좋아하고 잘하는 준호와 다르게 1등에 대한 집착을 버리지 못하는 엄마는 아시아 신기록까지 달성한 국가 대표 출신 수영 코치 광수에게 준호를 맡긴다.

새로운 코치인 광수와 함께 훈련하자 준호는 첫 번째 대회에서 1등과 0.02초 차이로 생애 첫 은메달을 목에 건다. 행복감을 느끼는 가족들의 사이에서 동생 기호가 은메달을 목에 건 형에게 해맑게 질문을 한다.

"정말 맞고 하니까 잘한 거야? 예전에는 안 맞아서 맨날 4등 했던 거야, 형?"

준호는 경쟁을 위해서 폭력을 감내하면서 연습해 왔던 것이다. 그리고 성과라는 목표를 위해 엄마도 암묵적으로 폭력에 동의하고 있었다. 문제는 폭력은 전이된다는 데 있다. 동생이 목욕을 하며 욕조 안에서 수경을 쓰고 노는 모습을 본 준호는 선수용 수경을 맘대로 썼다는 이유로 수영 코치가 했던 것처럼 말하며 동생을 때린다. 폭력을 휘두른 수영 코치 광수 또한 폭력 때문에 수영을 그만둔 전력이 있다.

이 영화는 폭력은 폭력을 부르는, 즉 폭력이 대물림되는 모습을 보여 주며 경쟁에 아이들을 내몰면서 폭력을 정당화하고 있는 한국 사회의 단면을 적나라하게 드러낸다.

"경쟁은 높은 수준의 흥분을 발생시키며, 다른 맥락과 형태에서도 폭력성을 함께 나타내는 것으로 알려져 있다. 따라서 사회에서의 경쟁뿐만 아니라 학교에서의 경쟁은 폭력성을 수반한다. 특히 경쟁을 강조하는 우리 사회의 분위기 때문에, 우리는 경쟁에서 지는 것과 같은 어떤 행동이나 사건에 직면하여 좌절하는 경우 폭력에 반응하는 경향성이 나타난다."[14] OECD 국제 비교 연구에서도 드러난 것처럼 우리나라가 속해 있는 동아시아에서 중산층 이상의 가정환경을 가지고 있는 아이들의 학교폭력 및 따돌림 비율이 상대적으로 높게 나타난 것도 이런 사회적 배경 때문이라 할 수 있다.

명문대에 진학하는 학생들을 많이 배출하기로 유명한 서울 목동, 강남, 대구 수성구에 위치한 학교에서 상습적인 괴롭힘과 학업 스트레스로 학생이 자살을 택했다는 뉴스나 일부 학생들이 다른 학생들을 괴롭힘으로써 학업 스트레스를 풀고 있다는 뉴스가 미디어에 심심치 않게 등장한다.

이를 단순히 심리적인 압박으로만 해석해서는 안 된다. 왜냐하면 실제로 학교폭력으로 인한 심리적 불안과 공포는 신체적인 고통을 동반하기 때문이다. 예컨대, "극단적인 경우에는 뇌가 스트레스와 관련된 모든 정보를 처리하는 것을 멈추고 분열이라고 부르는 상태에 빠진다. 이 상태에 빠진 사람들은 멍하고, 무감각하고 무심한 감정에 빠지게 된다. 이와 같은 심각한 트라우마 상태에서는 신체 또한 항복 선언을 한다. 몸이 방어를 위해 스스로 기능을 멈추고 심박

---

14 신종호, 윤영, 김명섭 (2018). 『폭력 없는 행복학교 만들기』, 학지사, 289쪽.

수와 혈압은 급강하한다."[15] 이렇듯 실제로 심각한 따돌림이나 학교 폭력을 당한 아이들은 물리적인 폭력으로 인한 외상뿐만 아니라 심리적인 요인으로 인한 내상도 경험하는 것으로 알려졌다.

마지막으로 아동이 폭력을 답습하게 되는 주된 요인은 바로 매스미디어이다. 폭력성에 대한 미디어의 영향에 대한 연구는 이미 많이 진행되었는데, 특히 반두라의 '사회 학습 이론'은 폭력적인 텔레비전 프로그램과 비디오 게임이 아이들의 폭력적인 성향에 미치는 영향에 대해 주목한다.[16]

요즘 아동들은 그 어느 시대보다 직간접적으로 미디어를 통해 폭력적인 장면을 일상적으로 관찰할 수 있게 되었다. 이런 미디어를 통한 폭력물들은 아이들에게 공격적인 행동을 가르칠 뿐만 아니라 공격적인 행동을 참을 수 있는 인내심을 감소시킨다. 또한 폭력에 무관심하거나 길들여지게 하며, 아이들의 현실에 대한 이미지를 바꿈으로써 사회 학습 이론에서 강조한 학생의 내부 가치 기준(internal value standard)을 왜곡시키고 변형시키는 결과를 가져온다.[17] 특별히 미디어의 영향으로 폭력적인 행동을 할 확률은 여학생보다 남학생에게서 훨씬 더 높이 나타나는 데 다음의 그림에서 나타난 유네스코의 통계가 이를 방증한다.

---

15 데이비드 호우 저, 이진경 역 (2013). 『공감의 힘』, 지식의숲, 101쪽

16 Bushman, B. J., & Huesmann, L. R. (2014). Twenty-five years of research on violence in digital games and aggression revisited. *European Psychologist*.

17 Bandura, A. (1983). Psychological mechanisms of aggression. *Aggression: Theoretical and empirical reviews*, 1, 1-40. p. 7

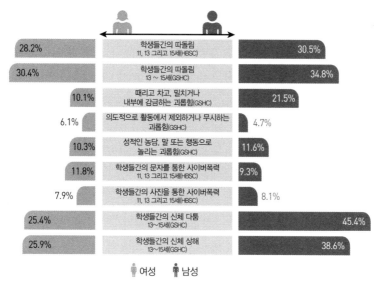

[남학생과 여학생의 학교폭력과 따돌림의 다른 유형 비율]

28.2%	학생들간의 따돌림 11, 13 그리고 15세(HBSC)	30.5%
30.4%	학생들간의 따돌림 13 ~ 15세(GSHC)	34.8%
10.1%	때리고 차고, 밀치거나 내부에 감금하는 괴롭힘(GSHC)	21.5%
6.1%	의도적으로 활동에서 제외하거나 무시하는 괴롭힘(GSHC)	4.7%
10.3%	성적인 농담, 말 또는 행동으로 놀리는 괴롭힘(GSHC)	11.6%
11.8%	학생들간의 문자를 통한 사이버폭력 11, 13 그리고 15세(HBSC)	9.3%
7.9%	학생들간의 사진을 통한 사이버폭력 11, 13 그리고 15세(HBSC)	8.1%
25.4%	학생들간의 신체 다툼 13~15세(GSHC)	45.4%
25.9%	학생들간의 신체 상해 13~15세(GSHC)	38.6%

♀ 여성   ♂ 남성

출처: UNESCO (2019), Behind the numbers: Ending school violence and bullying, p. 25.

그림에서 보이는 바처럼 유네스코의 통계에 의하면 전 세계적으로 밀치기, 발길질 등의 공격적인 행동이나 서로 싸우고 해를 끼치는 폭력적인 행동은 여학생보다 남학생에게서 훨씬 더 높은 비율로 나타났다.

이렇듯 남학생이 여학생에 비해 훨씬 더 공격적이고 폭력적인 활동에 가담할 확률은 높지만 그 이유에 대한 심층적인 메커니즘 분석이나 모델은 존재하지 않은 상황이다.[18] 단지 미디어의 영향으로 인한 공격적이고 폭력적인 행동의 발현에 있어서 남학생들이 여학생

---

18 안성조 (2015). 진화심리학의 관점에서 본 학교폭력의 원인과 입법적 정책적 대책. 법학 논총, 27(3), 93-140. 123쪽.

들보다 훨씬 더 민감할 수 있다는 사실을 미루어 짐작할 뿐이다.

따라서 부모와 교사 등 책임감 있는 성인의 개입으로 아이들의 폭력물에 대한 일상적인 노출을 막을 필요가 있다. 그뿐만 아니라 미디어 폭력의 영향력과 관련해 정부에서도 관련 법령과 제도를 강화해야 한다. 예컨대, 영국의 노동당 정부는 2003년 「커뮤니케이션 법령(Communication Act)」을 통해 '미디어 사용 능력(media literacy)'라는 개념을 새로 도입했는데, 이는 커뮤니케이션 산업의 통제를 약화시킴과 동시에 OfCom이라는 새로운 미디어 통제 기관을 발족시켜 미디어 사용 능력을 향상시키고자 하는 취지였다.[19]

미디어 사용 능력이라는 새로운 개념은 다음과 같은 기술을 포함한다.

"사실과 픽션을 구별하기, 현실성(realism)의 여러 수준을 식별하기, 미디어 프로덕션과 유통 속의 체계를 이해함으로써 미디어의 질과 조건을 판단하기, 옹호(advocacy)와 취재(reportage)를 구별하기, 상업적인 메시지를 인식하고 평가하기, 뉴스를 운영하는 경제와 표상적인 원리를 인식하고 감별하기, 미디어의 선호를 설명하고 정당화할 수 있는 능력 등이다."[20]

---

19 Wallis, R. and Buckingham, D. (2013). Arming the citizen-consumer: The invention of 'media literacy' within US communications policy. *European Journal of Communication*, 28(5), pp. 1-14

20 DCSM (2001). *Media Literacy Statement: A General Statement of Policy by the DCMS on Media Literacy and Critical Viewing Skills*. London: HMSO. Para. 3.1

우리나라에서도 미디어와 커뮤니케이션 관련 개념과 기술들을 법제화하고 OfCom같은 일원화된 통제 기구를 만들어 집행할 수 있게 하여, 학교에서의 미디어 교육을 위해 학교와 교사들의 참여 및 협동을 명시화하고 학교폭력과 관련한 미디어 사용 능력 교육과정 등을 만들어 보급해야 할 시기가 아닌가 생각한다.

3장

전 세계의 문제,
학교폭력

3명 중 1명이 학교폭력 피해자

학교폭력은 우리나라만이 아닌 전 세계 모든 국가들이 가진 심각한 문제이다. 실제로 WHO에서 발표한 GSHS(Global School-based Student Health Survey)에 의하면 전 세계적으로 3명 중의 1명의 학생은 학교폭력을 경험했다는 통계가 있다.[1] 더 충격적인 사실은 20% 정도의 학생이 한 달에 1~2일 정도는 학교폭력을 당하고, 5.6% 정도의 학생들은 3~5일 정도, 그리고 7.3% 정도의 학생들이 6일 이상 학교폭력을 당한다는 것이다.

또 국제읽기능력평가 PIRLS(Progress in International Reading Literacy Study) 조사에서 50여 개국의 아이들을 상대로 연구한 결과 29%의 9~10살 학생이 거의 매달, 14%의 학생이 거의 매주 학교폭력을 당하고 있다고 보고했다.

이러한 통계 수치가 말해 주는 것처럼 우리가 생각하는 것보다 전

---

1 UNESCO (2019). Behind the numbers: Ending school violence and bullying.

세계적으로 학교폭력에 시달리는 학생들의 숫자와 비율은 상상을 초월한다. 수학·과학 성취도 추이 변화 국제 비교 연구 TIMSS에서 2015년에 전 세계의 4학년 학생들을 대상으로 학교폭력(bullying)[2]에 대해 조사한 결과, 전 세계적으로 45%, 거의 절반에 해당되는 4학년 학생들이 적어도 한 달에 한 번은 따돌림을 당한 경험이 있다고 조사되었다. 물론 비율은 지역마다 상이하게 나타나는데 참여국 중 가장 높은 비율인 나라는 남아프리카(78%)이고, 가장 낮은 비율인 나라는 대한민국(25%)으로 나타났다. 우리나라의 비율은 2019년 조사에서는 21%로 오히려 더 낮아진 것으로 보고되었다.[3]

국제 조사에서 우리나라의 학교폭력 혹은 따돌림 수준은 상대적으로 낮은 것으로 보고되지만, 한국의 정부 통계와 비영리단체(청소년폭력예방재단)이 조사한 국내 통계와 차이가 있다는 데 문제가 있다.[4] 그리고 통계조사의 숫자 속에 숨어 있는 따돌림의 양상이 정확히 무엇인지를 알 수 없기 때문에 이를 근거로 들어 우리나라의 학교폭력 수준이 비교교육학적으로 보았을 때 양호한 편이라고 결론 지을 수는 없다.

---

2   이 책에서는 bullying을 학교폭력으로 번역하도록 하겠다. Bullying은 '왕따', '따돌림'으로도 번역하지만, 많은 국제 조사에서 bullying을 물리적 폭력, 심리적 폭력, 언어적 폭력, 성적 폭력을 포괄하는 '학교폭력'으로 쓰고 있기 때문이다.

3   Mullis, I. V. S., Martin, M. O., Foy, P., Kelly, D. L., & Fishbein, B. (2020). TIMSS 2019 International Results in Mathematics and Science. Retrieved from Boston College, TIMSS & PIRLS International Study Center website: https://timssandpirls.bc.edu/timss2019/i

4   2013년 한국의 학교폭력 가해율은 정부 통계에 의하면 4.1%, 청소년폭력예방재단에 의하면 15%로 많은 차이를 보였다.

그럼에도 불구하고 전 세계적으로 보았을 때 최빈국들이 모여 있는 아프리카 지역에서 학교폭력의 비율이 가장 높은 것으로 나타난 결과는 가난으로 인한 폭력적 문화와 구조가 학교 안팎으로 아이들의 사회 문화적 정서에 영향을 주고 있다고 해석할 수 있다.

학교폭력을 유형별로 나누어 보면 신체적 물리적 폭력이 가장 흔하게 일어나는 학교폭력임을 알 수 있다. 이는 사하라 사막 이남의 아프리카나 아시아 태평양 지역에서 더 높은 비율로 나타났다. 두 번째 흔히 일어나는 학교폭력은 성폭력으로 WHO 조사에 의하면 11.2%에 해당하는 학생들이 성적인 농담이나 부적절한 몸짓 등의 피해를 당한 것으로 나타났다. 마지막으로 활동에서 제외되거나 무시되는 등의 심리적인 따돌림이 흔한 학교폭력으로 드러났는데, 흥미로운 점은 북미와 유럽 지역에서 이 비율이 전 세계 평균보다 훨씬 높게 나타났다는 것이다. 경제적 수준이 높은 나라일수록 신체적 폭력보다는 피해 학생들을 고립시키고 무시함으로써 주는 심리적 폭력을 휘두르는 사례가 많은 것으로 볼 수 있다.

OECD 10개국을 상대로 한 연구에서도 평균적으로 10명 당 1명의 학생은 괴롭힘을 당하고 있으며, 나이가 많아질수록 학교폭력 비율이 증가하다가 14~15세가 되면서 줄어드는 것으로 발표되었다. "보통 소수 인종, 동성애, 신체적 정신적 지체, 병약, 비만, 또래에 비해 체격이 작거나 나이가 어린 경우 등 다른 학생들과 차이가 있어 괴롭힘을 당하는 경우가 많으나 국가 문화에 따라서 차이가 있다. 예컨대 영국 프랑스 학교에서는 인종 차이에 의한 괴롭힘이 가장 많았

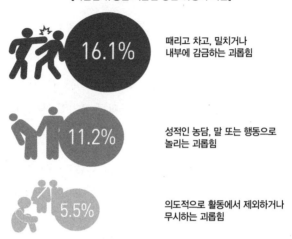

[따돌림 유형별 괴롭힘 당한 학생의 비율]

16.1% 때리고 차고, 밀치거나
내부에 감금하는 괴롭힘

11.2% 성적인 농담, 말 또는 행동으로
놀리는 괴롭힘

5.5% 의도적으로 활동에서 제외하거나
무시하는 괴롭힘

출처: UNESCO (2019). Behind the numbers: Ending school violence and bullying. p. 17.

고 일본에서는 신체적 괴롭힘보다는 언어적 또는 사회적 관계를 이용한 괴롭힘이 많았으며 여학생이 가해자가 되는 경우가 더 많은 것으로 나타났다."[5]

특이할만한 점은 우리나라의 학교폭력 발생률은 OECD 37개 국가 중 10위에 머무르고 있으나 다른 나라에 비해 학교폭력 피해를 입은 학생이 자살로 이어지는 경향이 상대적으로 높다는 것이다. 실제 우리나라 청소년(9~24세)의 사망 원인 1위는 8년째 '극단적 선택'으로 나타났고 2018년 자살로 세상을 떠난 청소년은 10만 명당 9.1명이었다. 이들 중에는 우울감을 호소하다가 극단적인 선택을 한 경

---

5   신종호, 윤영, 김명섭 (2018). 『폭력 없는 행복학교 만들기』, 학지사, 210쪽.

우도 많았는데, 더 우려할만한 사실은 자살 위험군에 속한 학생이 근래에 270% 정도 증가했다는 것이다.[6]

이러한 청소년들의 현실은 OECD 국가 중 자살률 1위를 기록하며 하루 평균 자살 사망자만 37.5명에 달하는 한국의 현실과 무관하지 않다. 이와 관련되어 우리나라 아동들의 삶에 대한 만족지수가 OECD 국가 중 최하위라는 사실도 경종을 울린다. 실제로 2018년 조

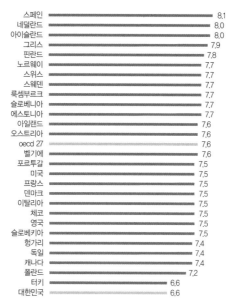

[OECD 국가 아동 행복도 비교]

스페인	8.1
네덜란드	8.0
아이슬란드	8.0
그리스	7.9
핀란드	7.8
노르웨이	7.7
스위스	7.7
스웨덴	7.7
룩셈부르크	7.7
슬로베니아	7.7
에스토니아	7.7
아일랜드	7.6
오스트리아	7.6
oecd 27	7.6
벨기에	7.6
포르투갈	7.5
미국	7.5
프랑스	7.5
덴마크	7.5
이탈리아	7.5
체코	7.5
영국	7.5
슬로베키아	7.5
헝가리	7.4
독일	7.4
캐나다	7.4
폴란드	7.2
터키	6.6
대한민국	6.6

* OECD 2015년 자료를 기준으로 하였고, 한국점수는 2018년 측정한 것을 추가하여 재도식화하였음.
(11점 척도로 0점 '가장 행복하지 않음' 10점 '가장 행복'까지 응답함.)

출처: 보건사회연구원, 2018년 아동 종합 실태 조사, 2018. 3.

---

6 [2020자살 리포트] 위기의 10대 '어른한테 털어놓으면 나아져요?', 『시사저널』(sisajournal.com)

사한 우리나라의 아동 및 청소년(11세, 13세, 15세) 행복도를 27개 회원 국과 비교해 보았을 때, 우리나라의 아동의 삶의 만족도는 OECD 평균점수인 7.6점에 한참 못 미치는 6.62점으로 최하위를 기록했다.[7]

위의 그림에서 보다시피 우리나라는 하위권인 캐나다, 독일, 폴란드에 비해서도 상당한 차이가 날 만큼 아동들의 삶의 만족도가 떨어진다. 학업에 대한 과중한 스트레스와 경쟁 문화에 따른 여가 시간의 부족 등이 원인이다.

우리 아이들은 과중한 학업으로 인해 친구들과 좋은 관계를 만들어갈 수 있는 여유가 주어지지 않고, 그나마 남는 시간도 게임과 동영상 시청 같은 오락성 활동으로 때운다. 이렇게 자란 아이들이 사회를 이루니 우리나라가 OECD 국가 행복지수에서도 최하위인 35위를 달릴 수밖에 없는 것은 당연한 결과일지 모른다.

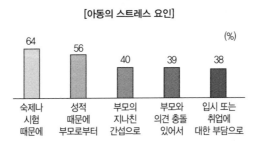

[아동의 스트레스 요인]

출처: 보건사회연구원, 2018년 아동 종합 실태 조사, 2018.03.

---

7   한경 뉴스, '한국 아동, 청소년 행복지수, 여전히 OECD 최하위권', 2019년 8월 27일
    https://www.hankyung.com/news/article/2019082798670

학교폭력으로 인한 사회적 손실

 학교폭력 문제는 학생들이 성인이 되었을 때까지 영향을 미친다. 영국의 한 연구 결과에 따르면 괴롭힘을 당한 16세의 청소년은 그렇지 않은 청소년보다 2배 정도 교육, 직업 훈련을 못 받았으며, 23세, 33세가 되었을 때 훨씬 적은 임금 수준을 가지고 있는 것으로 드러났다.[8] 교육을 못 받거나 취업이 안 된 남자의 경우 우울증에 걸릴 확률이 3배나 높고 범죄를 저지를 확률은 5배나 높아진다.[9]

[따돌림에 따른 교육적인 결과]

	지속적인 따돌림	지속적이지 않은 따돌림
중등교육에서 교육을 마칠 것으로 예상됨	**44.5%**	34.8%
외부인처럼 느껴짐(또는 학교에서 소외됨)	**42.4%**	14.9%
지난 2주간 적어도 3~4일 간 결석	**9.2%**	4.1%
잘 준비했음에도 시험에 대한 걱정	**63.9%**	54.6%

출처: UNESCO (2019). Behind the numbers: Ending school violence and bullying. p. 32.

 학교폭력으로 수치심을 경험한 학생들은 학교생활에 대한 심각한 부적응을 일으켜서 결과적으로 학교교육을 제대로 못 받게 되는

---

8 United Nations (2016). Zero Violence Against Children by 2030. p. 3.

9 Ellery, F., N. Kassam and Bazan C., (2010). Prevention Pays: the economic benefits of ending violence in schools. p. 10.

데, 실제로 OECD 통계에서 여실히 드러난다. 표에서 보이는 것처럼 학교폭력 피해 학생의 경우 그렇지 않은 학생보다 2배 이상 수업을 빠질 가능성이 크며, 또한 고등학교만 졸업하고 학업을 끝내고 싶어 하는 경향성도 크다.

공부를 열심히 했다고 해도 심리적으로 불안정해 시험을 제대로 준비했다고 느끼지 못한다. 학생의 자존감이 심각하게 떨어졌기 때문이다. 국제 성취도 검사인 PIRLS 조사에서도 학교폭력의 경험 횟수와 성적은 반비례하는 것으로 나타났다.

그뿐만 아니라 학교폭력은 학생으로 하여금 반사회적인 성향을 강화 시킨다. 학교폭력을 당한 학생은 그렇지 않은 학생보다 3배나 더 학교에서 '아웃사이더'처럼 느꼈으며, 이는 OECD 국가들을 상대로 한 조사에서도 동일하게 나타났다. 이렇게 심리적으로 압박을 받

[따돌림 당한 학생과 그렇지 않은 학생 간의 정신 건강 상태와 위험 행동 확산 차이]

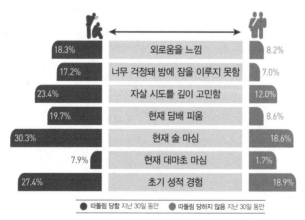

따돌림 당함 지난 30일 동안		따돌림 당하지 않음 지난 30일 동안
18.3%	외로움을 느낌	8.2%
17.2%	너무 걱정돼 밤에 잠을 이루지 못함	7.0%
23.4%	자살 시도를 깊이 고민함	12.0%
19.7%	현재 담배 피움	8.6%
30.3%	현재 술 마심	18.6%
7.9%	현재 대마초 마심	1.7%
27.4%	초기 성적 경험	18.9%

출처: UNESCO (2019). Behind the numbers: Ending school violence and bullying. p. 33.

은 아이들은 해로운 생활 습관에 노출될 가능성도 큰데 실제로 그림에서도 나타난 것처럼 불면증이나 자살 시도, 흡연, 음주, 마약, 섹스 등 모든 면에서 위험에 노출되는 빈도와 가능성이 현저히 높은 것으로 드러났다.

그리고 최근의 연구에서는 피해자뿐 아니라 가해자에 대한 심리학적인 연구 결과도 발표되고 있다. 연구 결과에 따르면 학교폭력 피해자뿐 아니라 가해자도 피해자와 유사한 우울과 불안, 충동성, 공격성, 분노, 자살 등이 나타났으며, 오히려 피해자보다 더 높은 수치의 반사회적 성격장애 위험을 보였다. 또한 나이가 들수록 공격적 행위가 증가하여 성인이 된 후 피해 집단이나 학교폭력을 경험하지 않은 집단에 비해 분노, 공격성, 충동적으로 위험한 행동을 하거나 범죄 등으로 나타난다고 한다.[10]

사실 학교폭력의 특징상 피해와 가해의 경험이 반복적으로 순환되며 폭력의 피해와 가해가 한 개인에게 중첩적으로 나타난다는 것을 고려할 때, 피해 경험이 많을수록 가해 경험 또한 높은 경향을 보이기도 한다. 이에 학교폭력의 피해자뿐 아니라 가해자에 대한 관심도 필요하다.

학교폭력이 사회에 미치는 경제적인 비용 역시 어마어마하게 높

---

10 권현용, 김현미 (2009). 학교폭력 가해청소년의 심리사회적 요인에 관한 질적분석. 한국동서정신과학회지, 12(1), 1-12쪽; 김세원 (2018). 청소년기 학교폭력 피해 및 가해 경험이 초기 성인기 발달 결과에 미치는 영향. 청소년 문화포럼 54, 39-66쪽; Kumpulainen, K. and Rasanen, Eila (2000). "Children involved in bullying at elementary school age: their psychiatric symptoms and deviance in adolescence" *Child Abuse & Neglect* 24(12), pp. 1567-1577.

다. 브라질에서는 청소년 폭력으로 인해 매년 190억 달러의 비용이 소모되며, 학교폭력으로 인한 피해는 9,430억 달러가 소요된다고 알려졌다.[11] 미국의 경우에도 학교폭력으로 인한 비용 소모만 79억 달러라고 한다.[12] 경제적인 비용뿐 아니라 아동기나 청소년기의 학교폭력 피해 또는 가해 경험은 성인기까지 지속적으로 영향을 미치는 것으로 나타나 사회적인 비용은 더욱 크게 추산된다고 할 수 있다.

이처럼 학교폭력을 단순히 개인의 고통이나 피해로서 국한하기에는 사회적으로 국가적으로 소모되는 경제적 손실뿐만 아니라 피해도 막중하다는 것을 이제는 깨달아야 한다. 이는 비단 우리나라뿐만 아니라 우리가 선진국이라 생각하는 유럽이나 북미의 국가들이 동일하게 겪고 있는 문제이기 때문에 이들이 학교폭력과 관련해 겪고 있는 많은 문제점들과 해결책을 잘 살펴보고 같은 전철을 밟지 않도록 선제적으로 예방하는 노력이 중요하다.

11 Ellery, F., N. Kassam and Bazan C. (2010). Prevention Pays: the economic benefits of ending violence in schools, p. 8.

12 Perezneito, P. C. Harper, B. Clench and J. Coarasa (2010). The Economic Impact of School Violence. London: Plan International and Overseas Development institute, p. 47.

4장

우리나라의 학교폭력 현황 1
피해 유형

그래프로 본 학교폭력

2020년 학교폭력 실태 조사 결과 발표에 따르면 코로나로 인해 전년도에 비해 피해를 당했다고 응답한 비율이 0.7%나 줄어든 것으로 나타났다. 학교급별로 보면 초등학교에서 특히 많이 낮아졌는데 전년도 3.6%에서 2020년에는 1.8%로, 중학교는 0.8%에서 0.5%로, 고등학교는 0.4%에서 0.2%로 낮아졌다.

피해 유형은 전년도와 마찬가지로 언어폭력이 33.6%로 가장 높은 비율을 보였으나, 수치는 전년도에 비해 3.2% 감소했다. 그 다음은 집단 따돌림, 스토킹, 사이버 폭력, 신체 폭력, 금품 갈취, 강요, 성폭력 순으로 조사되었다.

다른 유형의 학교폭력 비율은 모두 줄어든 반면에 사이버 폭력과 집단 따돌림의 비중은 증가한 것으로 나타났는데, 사이버 폭력의 비율이 신체 폭력의 비율을 앞선다는 사실에 주목할 필요가 있다. 코로나로 인해 학생들의 비대면 수업과 온라인 사용이 늘어나면서 나온 현상으로 볼 수 있는데, "과거에 비해 학교폭력의 양상이 '물리적

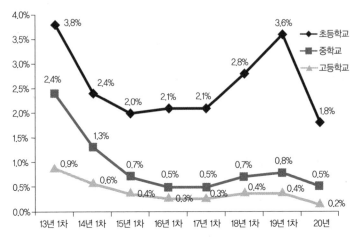

[학교급별 피해 응답률]

출처: 교육부 (2021). 2020년 학교폭력 실태 조사 결과 발표.

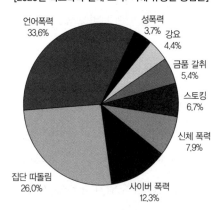

[2020년 학교폭력 실태 조사: 피해 유형별 응답률]

출처: 교육부 (2021). 2020년 학교폭력 실태 조사 결과 발표.

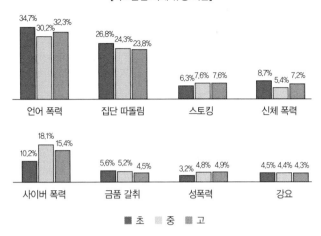

[학교급별 피해 유형 비율]

■ 초　■ 중　■ 고

출처: 교육부 (2021). 2020년 학교폭력 실태 조사 결과 발표.

폭력' 위주에서 '사이버 폭력'으로 변화하고 있으므로" 이에 대한 적절한 관심과 대응이 필요하다.[1]

위의 그래프에서 보이는 바와 같이 집단따돌림은 초등학교＞중학교＞고등학교 순으로 비중이 높았고, 언어폭력은 초등학교에서, 사이버 폭력은 중학교에서 비중이 가장 높은 것으로 나타났다.

학교폭력을 처음 당하는 연령도 해가 지날수록 낮아지고 있다. 2013년 학교폭력 실태 조사에 따르면 학교폭력 경험이 있다고 응답한 학생 중 피해를 처음 입은 시기는 초등학교 저학년(1~3학년) 때가 31.4%이고, 초등학교 고학년(4~6학년) 때가 43.7%로, 초등학교 시기에 피해를 당한 경우가 전체의 75.1%로 나타났다. 이중 초등학교 6

1　유지연, 이덕난 (2021). 코로나19 이후 사이버 학교폭력 실태 및 개선과제, 국회입법조사처, 1쪽.

[학년별 학교폭력 피해 여부]

	3학년	4학년	5학년	6학년
전체	218	121	118	66
	21.48	9.93	9.89	5.63
남학생	131	72	56	38
	26.20	12.02	9.57	6.64
여학생	87	49	62	28
	16.89	7.90	10.20	4.66

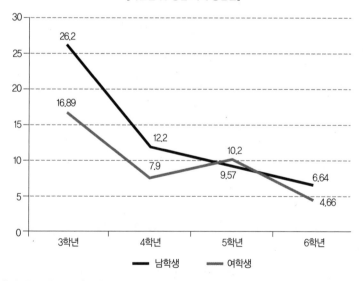

[학년별 및 성별 피해 응답률]

출처: 한국교육개발원 (2017). 초등학생 학교폭력 실태와 대응 방안. 46쪽.

학년 때가 16.5%로 가장 높았다.

4년이 지난 2017년에 진행된 한국교육개발원의 '초등학생 학교폭력 실태와 대응 방안' 조사의 결과 발표 자료에 따르면 학년 별 피해 응답률이 3학년의 경우 21.48%로 가장 높으며 학년이 올라갈수록 피해 응답률이 점차 줄어들어 6학년은 5.63%까지 내려갔다. 이를 통해 학교폭력 피해 학생의 저연령화가 지속적으로 나타나고 있음을 알 수 있다.

학교폭력 가해 이유

그렇다면 아이들은 왜 학교폭력의 가해자가 되었는가? 2017년 한국교육개발원의 조사에 따르면 '장난이나 특별한 이유 없이'가 28.1%로 가장 높게 나타났다. 두 번째로 많이 꼽은 이유인 '상대방이 먼저 괴롭혀서'(17.5%)와 무려 10%가 넘게 차이가 난다. 그뿐만 아니라 피해를 신고하지 않은 이유에 대해 '별일 아니라고 생각해서'(28.5%), '스스로 해결하려고'(23.8%)라 대답한 것으로 보아 가해 학생 및 피해 학생 모두 아직까지 학교폭력의 심각성을 인식하지 못하고 있는 것으로 보인다.

두 번째로 높은 가해 이유인 '상대방이 먼저 괴롭혀서'에서 볼 수 있는 것처럼, 피해 학생이 학교폭력의 가해자로 변하는 경우도 빈번하게 일어난다. 자신을 괴롭힌 아이에게 복수를 하는 경우도 있지만,

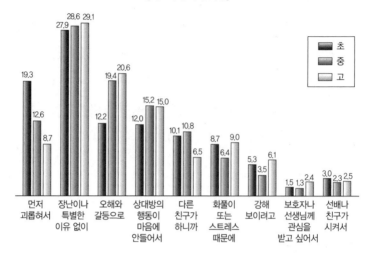

[학교폭력 가해 이유]

출처: 교육부, 한국교육개발원 (2021). 2020년 학교폭력 실태 조사.

자신보다 어리거나 약한 다른 학생을 괴롭히는 경우도 생긴다. '가해자'와 '피해자'의 경계가 모호해지고, 폭력 경험 자체가 재생산되는 것이 바로 학교폭력이 가진 위험이라 할 수 있다.

학교폭력의 심각성을 다룬 다큐멘터리 「학교의 눈물」을 제작한 SBS 제작팀에 따르면, 학교폭력의 여러 가지 피해 중에서도 아이들을 가장 고통스럽게 하는 것은 바로 일진도 빵셔틀도 아닌 친한 친구들 사이에서 일어나는 갈등과 폭력, 무엇보다도 친한 또래 그룹에서 왕따가 되는 것이라고 한다. 다음은 한 아이가 「학교의 눈물」에서 인터뷰한 내용이다:

"제 인생은 어릴 때부터 계속 나빠지기만 했어요. 엄마랑 관계는 더

안 좋아지고 친구들 관계도 점점 나빠지는데 어른들은 버티라고만 해요. 좋아지겠지. 좀 참고 견뎌봐라. 밝은 미래 따위가 올 거라면 그게 대체 언제 온다는 거죠? 내가 죽기 전에요? 백발 할머니 돼서?"[2]

영국에서 진행된 한 연구에 따르면 특별히 관계 중심적인 사춘기 여학생들의 경우 또래 그룹에서 왕따를 당하는 것은 마치 자살을 시도하는 것과 동일한 심리적 충격을 가져다준다고 한다.

특히 부모 형제와 건강한 관계를 맺지 못한 아이들의 경우 애착 관계를 형성하는 법을 잘 배우지 못했기 때문에 학교에서도 친구를 사귀고 새로운 관계를 형성하는 데 어려움을 경험하는 경우가 많다. 이 경우 어렵게 만든 단짝 친구나 또래 그룹에게 왕따를 당하는 경우 그 충격은 어른들이 상상할 수 없을 만큼 끔찍할 수밖에 없다.

학교폭력은 아동과 청소년에게 신체적인 상해뿐만 아니라 심리적인 충격을 가한다는 점에서 심각한 문제가 될 수 있다. 학교폭력을 당한 아이들이 후에 관계의 어려움을 겪으면서 우울증이나 외로움을 토로하고, 자존감이 낮아지고, 심지어 자살을 생각하게 되는 경우가 많다는 점이 이를 방증한다.

이렇게 심각한 학교폭력 문제가 비단 결손가정이나 경제적으로 어려운 가정에서 자라난 아이들에게만 국한된다고는 할 수 없다. 우리나라의 경우 중산층 가정 및 고소득 전문직 부모를 둔 학생들 가

---

2   SBS 스페셜 제작팀 (2013). 『학교의 눈물』, 프롬북스, 39쪽.

운데서도 학교폭력이 빈번하게 발생한다. 이로 보아 단순히 사회 경제적 격차로 인한 구조적 차별뿐만 아니라 학생들끼리 경쟁을 조장하고 협력 및 협동의 기회를 제한하는 전반적인 학교 문화가 학교폭력을 양산하는 것을 알 수 있다.

이런 경쟁적인 분위기는 아이들이 가정에서뿐만 아니라 학교에서도 건강한 자존감을 쌓을 수 있는 기회를 놓치게 하며 이로 인한 심리적 불안과 스트레스를 강화한다. 이러한 심리적·정서적 불안이 학교폭력이란 극단적인 선택으로 나타난다고 볼 수 있다. 그뿐만 아니라 폭력적인 콘텐츠가 무분별하게 양산되고 유통되는 미디어 매체의 증가로 인하여 청소년 및 아이들이 폭력에 대한 감각 자체가 무뎌진 이유도 있다.

사이버 괴롭힘: 코로나 시대의 학교폭력의 변화

교육부가 발간한 보고서에 따르면 코로나 이후 등교 수업이 줄어들고 비대면 수업이 늘어나면서 여러 학교폭력의 종류 중에 현저하게 늘어난 것이 바로 사이버 괴롭힘이다.

한국교육학술정보원은 사이버 폭력을 "정보통신 기기나 온라인 사이버 공간을 매개로 이루어지는 모든 유형의 폭력"이라고 정의한다.[3] 사이버 괴롭힘은 주로 사이버 공간을 통해 은밀하게 일어나

---

3 한국교육학술정보원, '사이버 폭력예방·디지털 역량교육', https://cyberethic.edunet.net/

기 때문에 즉각적으로 파악하기가 어렵다. 그뿐만 아니라 우리나라의 중고교생 스마트폰 보유율 95%를 웃돌고 사용 시간도 늘어나고 있기 때문에 사이버 괴롭힘에 노출될 가능성이 높다.[4] 특별히 학교라는 물리적인 공간과 시간에 제약을 받는 것이 아니라 피해 학생이 어디에 있든지 하루 종일 괴롭힐 수 있기 때문에 피해 학생에게 심리적으로 큰 타격을 준다.

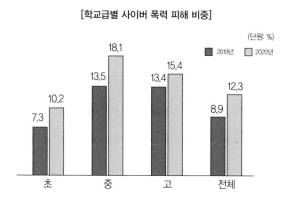

[학교급별 사이버 폭력 피해 비중]

출처: 교육부, 2020년 학교폭력 실태 조사 결과 발표 보도자료, 2021. 1. 21.

사이버 폭력은 피해자의 반응을 볼 수 없고 직접적인 영향을 확인할 수 없다. 이에 가해자는 자신들의 행동이 피해자들에게 얼마나 심각한 영향을 주는지 알지 못한다. 스웨덴에서 행해진 한 연구에 따르면 학교폭력의 가해자들은 70% 넘게 자신의 행동에 대해 양심

cyberethic/newBoard/pageCyberExplan.do?menu_id=510(최종 검색일: 2021. 3. 15.)

4   연합뉴스, '중고교생 스마트폰 보유율 95%',
    https://www.yna.co.kr/view/AKR20191011023600017

의 가책을 느끼는 반면에 사이버 폭력의 경우 그 비율이 58%로 낮아지는 것으로 밝혀졌다.[5]

사이버 폭력의 기록이나 흔적은 다양한 온라인 플랫폼을 통해 사진이나 영상 등 다양한 형태로 복제 및 확산되기 쉬워 재발 가능성도 높다.[6]

태어날 때부터 인터넷, 네트워크, 스마트폰 환경에 노출되어 그러한 문화에 익숙한 디지털 네이티브(Digital Native) 세대[7]에게 높은 스마트폰 보급률과 활용력은 사이버 폭력의 확대를 가져왔다. 한국 사회에 큰 충격을 안겨 준 N번방 사건에서 목격된 것처럼 주요 피의자들이 10대 청소년들로 사이버 폭력에 가해자가 되고 있다.

다음 그래프는 우리나라 청소년 사이버 폭력 현황을 정리한 것이다. 그래프에서 보이다시피, 사이버 괴롭힘은 다양한 방식으로 이루어진다. 인터넷에 왕따 카페를 만들어 싫어하는 학생에 대해 공개적으로 비방을 하며 루머를 퍼뜨리기도 하고, SNS를 이용하여 욕설과 부적절한 사진을 가득 담은 비난 메시지를 지속적으로 발송하기도 한다.

이보다 더 큰 문제는 온라인에서의 행해지는 공개적 비방이나 루

5   Slonje, R. Smith P. K., & Frisén (2012). Processes of cyberbullying, and feelings of remorse by bullies: A pilot study. European Journal of Developmental Psychology. 9(2), 244-259.

6   유지연, 이덕난 (2021). 코로나19 이후 사이버 학교폭력 실태 및 개선과제, 국회입법조사처 NARS 현안분석, 제193호.

7   김선, 강성우 (2020). 『Re-스타트, 다시 시작하는 교육』, 혜화동, 105쪽.

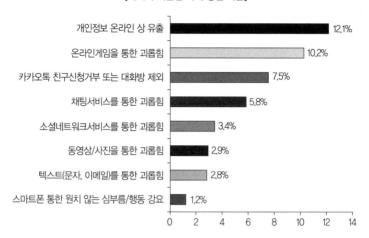

[사이버 괴롭힘 피해 경험 비율]

항목	비율
개인정보 온라인 상 유출	12.1%
온라인게임을 통한 괴롭힘	10.2%
카카오톡 친구신청거부 또는 대화방 제외	7.5%
채팅서비스를 통한 괴롭힘	5.8%
소셜네트워크서비스를 통한 괴롭힘	3.4%
동영상/사진을 통한 괴롭힘	2.9%
텍스트(문자, 이메일)를 통한 괴롭힘	2.8%
스마트폰 통한 원치 않는 심부름/행동 강요	1.2%

출처: 이창호, 신나민, & 하은빈 (2014). 청소년 사이버불링 실태 및 대응방안 연구. 한국청소년정책연구원 연구보고서, 1–268. 74쪽.

머, 욕설 등의 가해행위가 막대한 피해를 가져오는 반사회적인 행위임에도 불구하고, 가해자들은 이를 폭력이라기보다는 유머나 놀이문화 정도로 인식하고 있다는 데서 찾을 수 있다.[8]

신종호 등이 공저한『폭력 없는 행복학교 만들기』라는 책에서 우리나라에서 일어나는 다양한 방식의 사이버 괴롭힘을 다음과 같이 설명한다:

"사이버 따돌림의 유형에는 오프라인에서의 왕따 행위를 모바일 공간으로 옮겨 와서 자행하는 '카따', 채팅방에서 피해 학생에게 단체로

---

8 손민지 (2013). 국내 사이버 폭력 현황 및 대응방안 연구. Internet & Secruity Focus 3, 66–22쪽.

욕을 퍼붓는 '떼카', 채팅방에서 피해 학생을 초대한 뒤 한꺼번에 나가 버려 피해 학생만 카톡방에 남게 하는 '카톡 방폭', 피해 학생을 계속 채팅방으로 초대하여 괴롭히는 '카톡 감옥' 그리고 채팅방에서 피해 학생의 말만 무시하여 유령 취급을 하거나 피해 학생을 초대한 뒤 일제히 의미 없는 메시지를 던져 휴대전화를 마비시키는 행위 등이 포함한다. 또한 스마트폰의 테더링 기능을 이용하여 피해 학생의 스마트폰을 와이파이 공유기처럼 사용하는 것으로 무선 데이터 갈취를 통해 금전적 피해를 주는 '와이파이 셔틀'도 있고 게임을 하기 위해 필요한 아이템을 피해 학생에게 상납 받는 아이템 갈취 행위인 '하트 셔틀'도 있다."[9]

다음은 교육부에서 정리한 사이버 폭력 유형별 예시를 담은 표이다. 사이버 괴롭힘은 우리나라에서뿐만 아니라 다른 나라에서도 심각한 학교폭력 문제로 부각되고 있다. 캐나다와 유럽에서도 10%의 아이들이 메시지를 통해 사이버 괴롭힘을 당한 경험이 있으며 8.2%의 아이들이 사진을 통하여 괴롭힘을 당했다.[10] 호주에서도 9~16세 해당하는 아이들의 13%가, 유럽연합(EU)은 6%가 사이버 괴롭힘을 당했다는 연구 결과가 발표되기도 했다.[11]

9 신종호, 윤영, 김명섭 (2018). 『폭력 없는 행복학교 만들기』, 학지사, 93쪽.

10 UNESCO (2019). Behind the numbers: Ending school violence and bullying.

11 Livingstone, S., Haddon, L., Görzig, A., and Ólafsson, K. (2011). *Risks and safety on the internet: the perspective of European children: full findings and policy implications from the EU Kids Online survey of 9-16 year olds and their parents in 25 countries.*

[사이버 폭력 유형별 예시]

유형	해당 내용
사이버 언어폭력	문자나 사진 및 동영상 등으로 이루어지는 온라인 게시판 비방글, 악성 댓글, 욕설 등의 행위
사이버 명예훼손	비방의 목적으로 정보 통신망을 통하여 공공연하게 사실을 적시하여 타인의 사회적 평가를 저해하는 모든 행위 • 사이버 모욕: 구체적인 사실 언급 없이 언어나 비언어에 의해 추상적 판단이나 경멸적 감정을 표현하는 타인의 사회적 평가를 저해(은유적 표현으로 '저격'이라고도 함)하는 행위
사이버 따돌림	'관계'적인 괴롭힘(bullying)으로 사이버상에서는 주로 떼카, 카톡 감옥 등의 사이버 감금이나 따돌림의 행위
사이버 갈취	사이버 머니, 금품 갈취형으로 주로 와이파이 셔틀, 게임 머니, 중고나라 사기 등 사이버상의 갈취 형태의 괴롭힘
사이버 스토킹	정보 통신망을 이용하여 타인의 동의 없이 공포심이나 불안감을 유발하는 글(예: SNS상의 쪽지나 댓글 등 반복적으로 보내어 심리적으로 괴롭히는 행위)
사이버 영상 유포	정보 통신망을 이용하여 상대방의 동의 없이 개인의 사생활과 관련된 특정 신체 부위나 각종 유해성 사진이나 영상을 전송·유포하여 괴롭히는 행위

출처: 한국교육학술정보원, "사이버 폭력예방·디지털 역량교육"(최종 검색일: 2021. 3. 15), 〈https://cyberethic.edunet.net/cyberethic/newBoard/pageCyberExplan.do?menu_id=510〉; 교육부·17개 시·도교육청·한국교육학술정보원, '교과연계 중·고등학교 사이버어울림프로그램', KERIS, 2020.

유럽에서도 사이버 괴롭힘은 지속적으로 증가하는 추세에 있는데, 2010년에 행해진 조사에 따르면 대부분의 학생이 부적절하거나 위협적인 메시지를 온라인으로 받은 뒤 도움을 요청했으나 그 중 4분의 1은 아무런 도움을 받지 못했다고 보고했다.[12]

London: LSE, EU Kids Online.

12 Livingstone, Sonia et al. (2016). Risks and safety on the Internet. The perspective of European Children. Key findings. p. 4.

스웨덴에서 2013년과 2014년에 행해진 연구에 따르면 사이버 괴롭힘을 당한 피해자들은 다른 이들에 비해 자신들의 외모에 부정적인 이미지를 더 많이 가졌다는 결과가 나왔으며, 이는 남자 아이들에 비해 여자 아이들의 경우 더 심각하게 나타났다.[13] 이러한 결과가 시사하는 바는 사이버 괴롭힘을 단순히 학교폭력으로만 해석할 것이 아니라 미디어가 전하는 왜곡된 미(美)의식과 폭력성과의 관계도 고려해야 한다는 것이다.

온라인으로 옮겨 간 성폭력

사이버 괴롭힘 못지않게 지속적으로 증가 추세에 있는 학교폭력 유형 중 하나는 '성폭력'이다. 이는 정부의 강력한 방침에도 불구하고 증가세에 있는 청소년 성범죄 숫자를 반영한다고 볼 수 있다. 실례로 2016년 여성가족부가 발표한 성폭력 실태 조사 결과에 다르면, 2014년~2015년 사이 남학생의 경우 청소년 성폭력 피해자가 178명에서 214명으로 36명 증가하였으며, 여학생의 경우 3,616명에서 4,029명으로 413명이나 증가했다.

사실 UN 보고서에 의하면 성폭력은 전 세계에서 아동들을 상대

---

13 Frisén et al. (2013). Cybervictimization and body esteem: Experiences of Swedish children and adolescents. European Journal of Developmental Psychology, 11(3), 331-343.

로 가장 빈번하게 일어나는 폭력의 유형 중 하나로, 거의 20년 전인 2002년에도 18세 이하 150,000,000명의 여자 아이 및 청소년 그리고 73,000,000명의 남자 아이 및 청소년이 성폭력을 당했다고 보고되었다.[14]

성폭력은 특히 성장기 아이들에게 큰 피해를 주는데, 아동기에 성폭력을 경험한 청소년은 정신분열증 등 심리적인 장해를 경험하며, "성폭력 피해 경험이 있는 집단의 경우 그렇지 않은 집단보다 성인이 되었을 때 불안장애, 공포장애, 공황장애, 강박장애, 기분장애, 경계선 인격장애" 등 감정 조절 기능 장애의 발생 비율이 더 높은 것으로 나타났다."[15]

그런데 성폭력과 관련해 눈여겨 보아야 할 변화는 성폭력이 발생하는 장소가 오프라인에서 온라인으로 옮겨가고 있다는 것이다. 여성가족부가 초등학교 4학년부터 고등학교 3학년까지 청소년을 대상으로 설문조사를 한 '2020 청소년 매체 이용 및 유해환경 실태 조사' 결과에 따르면 청소년 중 성적 모욕감을 주는 행위, 성관계 시도, 스토킹 등의 성폭력 피해를 겪은 응답자들은 피해가 발생한 장소로 온라인 공간(44.7%)을 가장 많이 꼽았다.

이 비율은 2018년에 행해진 동일한 조사에서 나온 비율보다 거의 2배 이상 증가한 수치로 나타났기 때문에 주의가 필요하다. 다음으

---

14 Summary of the Report of the Independent Expert for the United Nations Study on Violence against Children, A/61/299, p. 3.

15 신종호, 윤영, 김명섭 (2018). 『폭력 없는 행복학교 만들기』, 학지사, 98쪽.

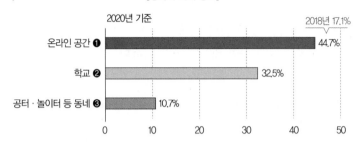

[성폭력 피해 장소]

출처: 여성가족부 (2020). 청소년 매체 이용 및 유해 환경 실태 조사.

로 학교(32.5%), 공터·놀이터 등 동네(10.7%) 순으로 응답했으며, 학교에서 성폭력을 당한 비율은 절반 이하로 줄어든 것으로 밝혀졌다.

성폭력 가해자에 대해서는 '같은 학교에 다니는 사람'이라는 응답이 47.4%로 가장 많았으며, 그 다음이 '잘 모르는 사람'(33.3%), '온라인에서 새로 알게 된 사람'(9.9%), '같은 동네에 사는 사람'(9.1%) 등의 순으로 나타났다.

코로나의 영향으로 성폭력이 일어나는 공간이 학교에서 온라인으로 이동한 것으로 보이며, 특히 남학생의 경우는 온라인 공간에서 성폭력을 당했다고 말한 비율이 6배 이상 증가한 것으로 드러났다. 온라인 성폭력의 증가는 학생들이 온라인에서 머무는 시간이 증가한 반면에 이에 따른 적절한 감독과 규율이나 교육이 수반되지 못한 영향이라 할 수 있다.

따라서 코로나 위기로 인해 현저하게 늘어난 비대면 교육과 오픈소스의 사용에 맞게 가정에서, 학교에서 그리고 국가적으로 아이들의 컴퓨터 및 웹 사용에 대한 철저한 관리와 가이드라인이 그 어느 때보다 필요하다. 특히 나이가 어릴수록 '안전'이라는 측면에서 훨씬 더 많은 주의가 요구된다.

디지털 성범죄의 증가와 관련하여 학생들에게 필요한 능력이 있다. 바로 '디지털 회복력(Digital Resilience)'이다. '회복력 지수(Resilience Quotient)'는 인생에서 사람들이 만나고 겪게 되는 다양한 좌절과 실패의 경험을 어떻게 이겨 내는가를 지수로 측정한 것으로, 사람마다 인생의 바닥을 치고 올라올 수 있는 회복 탄력성이 다르다. 이 회복 탄력성을 디지털 세계로 환원한 개념이 디지털 회복력(Digital Resilience)으로 아주 최근에야 교육학계에 도입되었다. 디지털 회복력은 다음과 같은 요소를 포함한다.

1. 사회 정서적 기술(Social Emotional skills): 내가 온라인상에서 위험에 처했다는 것을 인지하기
2. 안전한 공간(Safe spaces): 나의 온라인 경험에서 배우기
3. 회복(Recovery): 온라인상에서 만나는 어려움이나 곤란한 상황에 대해 대처하고 회복할 수 있는 능력 배양하기

설령 아이들이 온라인상에서 성범죄에 노출되었다고 하더라도, 아이들이 도움을 요청할 사람이 있다는 확신과 이를 극복할 수 있는 심리적 정서적 안정감을 가지고 있다면 극복할 수 있다. 이에 디지털 회복력을 기를 수 있는 다양한 프로그램 및 장치가 시대에 맞게 빠르고 적절하게 준비되어야 한다.

다음은 유네스코에서 코로나로 인해 늘어난 온라인 사용에서 아이들을 보호하기 위한 가이드라인이다.

학습자에게 안전한 온라인 학습 경험을 제공하기 위한 가이드라인

〈부모 및 보호자 지원〉

부모 및 보호자는 아이들이 COVID-19 시대에 학습, 사회화와 놀이에 필수적인 온라인 자원에 접근하도록 도울 수 있어야 한다. 그와 동시에 어린이들의 사이버 폭력 위험에 주의해야 할 필요도 있다. 정부, 기업, 그 외 관련자들은 유해 접촉, 품행과 관련된 내용에 대응하고 필요한 경우 아이들이 어떻게 위험 상황을 알려야 하는지를 포함한 적절한 지침과 도구를 부모에게 지원해야 한다.

부모 및 보호자는 자녀가 인터넷에 어떻게, 언제 그리고 어디에 사용할지 규칙을 정한다. 인터넷 사용 시간과 다른 활동 간의 건강한 균형을 확립하기 위해 경계를 설정해야 한다. 부모 및 보호자는 자녀의 기기에 최신 소프트웨어 업데이트와 백신 프로그램이 있는지 확인하고 개인 정보 설정이 높음으로 설정되어 있도록 한다. 어린아이들의 경우 자녀 보호 기능과 같은 도구가 사이버 폭력을 완화하는 데 도움이 될 수 있다.

부모 및 보호자는 자녀들이 온라인에서 누구와 어떻게 소통하는지를 자녀와 터놓고 이야기할 수 있어야 한다. 자녀가 온라인에서의 소통이 친절하고 힘이 되는 상호작용이 될 수 있지만 상처를 주거나 차별적 또는 부적절한 연락은 결코 괜찮지 않다는 것을 알게 할 필요가 있다. 또한 아이들을 괴롭히거나 부적절한 일이 있을 경우 신뢰할 수 있는 어른에게 즉시 알릴 수 있도록 한다. 또한 부모 및 보호자는 아이들이 광고와 실제 콘텐츠를 구별하고 부정적인 메시지에 대응할 수 있게 자녀와 대화를 한다.

부모 및 보호자는 온라인 활동과 관련하여 자녀가 괴로워하는 기색을 보이지 않는지 관심을 기울여야 한다. 예를 들어 아이가 스마트 기기를 더 자주 혹은 덜 사용하거나 우울해진다면 사이버 폭력을 경험하고 있다는 경고 신호를 보내는 것일 수 있다.

정부, 기업 및 학교 관리자는 부모 및 보호자가 온라인 정책, 온오프라인 보고 시스템에 익숙해지도록 돕는다. 부모가 필요한 지원 전화를 쉽게 이용할 수 있도록 안내하고, 자녀가 위협, 잠재적인 범죄 또는 기타 불법 행위와 관련해 괴로워한다면 경찰에 연락할 수 있도록 한다.

〈학교용 지침〉

학교는 집에서 학습하는 아이들의 새로운 상황을 반영할 수 있는 보호 정책을 만들거나 갱신한다. 구체적인 안전장치로는 온라인 일정을 공유하고, 웹 캠 앞에선 적절한 옷을 입고, 침실 등에서 교사나 비대면 수업에 연결하지 못하도록 학생들에게 권고한다. 교사와 학생 간 의사소통에 사적인 메시지 서비스를 사용하는 것을 자제하고, 만약 사용이 필요하다면 부모의 동의를 구하도록 한다. 또한 권한을 부여 받은 개인만 온라인 학습 플랫폼에 참여할 수 있도록 하고, 비대면 학습을 저장하지 않도록 디지털 보안 시스템을 갖춘다.

학교는 '대면' 행동에서 기대되는 것과 같이 디지털 플랫폼 및 통신에서 예상되는 행동 강령에 대해 모든 학습자와 명확하게 소통해야 한다. 학생들에게 좋은 온라인상의 행동을 홍보하고 모니터링 한다. 특히 어린 학생들에게 익숙하지 않은 새로운 기술과 시스템을 연습할 수 있게 하고, 온라인상에서 의도치 않게 다른 사람들을 상처 입힐 수 있었다는 것을 인지시킨다.

학교 급우들 간의 학교폭력은 쉽게 사이버 폭력으로 바뀔 수 있으며, 학교 당국은 학교폭력 반대 규칙과 정책을 온라인 공간에 맞도록 바꾸고 학생과 학부모에게 분명히 알린다. 인터랜드, internetmatters.org, NSPCC, 차일드넷 인터네셔널 등과 같은 온라인 학습에 도움이 되는 자원과 정보를 부모 및 보호자에게 제공하는 것도 필요하다.

출처: 'Covid-19 and its implications for protecting children online' (April 2002). UNESCO. Education Sector Issue Notes.

유네스코의 가이드라인에서 말하고 있는 것처럼, 이제는 우리 아이들에게 온라인상에서의 예절을 적극적으로 가르쳐야 한다. 이는 정해진 시간에 약속된 장소에서 컴퓨터를 사용하기, 온라인 화면에서도 옷을 갖추어 입기 등 가정에서 실천할 수 있는 간단한 규칙부터 사이버 괴롭힘을 해결할 수 있는 심리 상담 및 중재 기구 만들기 등 국가적인 차원에서 대응할 수 있는 제도를 만드는 것까지 다양하다.

무엇보다 다양한 온라인 플랫폼 및 도구를 만드는 회사도 단순히 이익을 추구하는 것뿐만 아니라 아이들의 나이 및 성별에 맞게 안전을 보장할 수 있는 다양한 장치를 만들고 보급해야만 한다. 다시 말하자면 학생들이 디지털 세상에서도 건강하고 밝게 교육 받을 수 있는 환경을 조성하는 것은 결국 어른들의 몫이라고 할 수 있다.

5장

우리나라의 학교폭력 현황 2
다문화 학생

다문화 가정과 학생 수의 증가

우리나라에서 다문화 인구가 증가하기 시작한 시점은 1990년대로 1988년 서울 올림픽 이후로 거슬러 올라간다. 이 시기에 아시아 국가 여성과의 국제결혼으로 인한 인구 유입과 외국인 근로자 증가가 그 주된 원인이었다. 2006년 외국인 주민에 대한 현황 조사가 시작된 후로 외국인 주민 수는 꾸준히 증가하여 2018년에는 200만 명이 넘는 숫자의 외국인이 우리나라에 거주하는 것으로 집계되었다. 한국의 다문화 가정에 대한 법률적 정의는 다음과 같다:

"다문화가정(다문화가족)이란 다음 각, 목의 어느 하나에 해당되는 가족을 일컫는 것으로 ①재한 외국인처우기본법, 제2조 제3호의 결혼이민자(대한민국 국민과 혼인한 적이 있거나 혼인 관계에 있는 재한 외국인)와 국적법 제2조에 따라 출생 시부터 대한민국 국적을 취득한 자로 이루어진 가족, ②국적법 제4조에 따라 귀화 허가를 받은 자와 같은 법 제2조에 따라 출생 시부터 대한민국 국적을 취득한 자로 이루어진 가족이다."

다문화 가정의 자녀인 다문화 학생도 꾸준히 증가하여, 통계청에 따르면 2008년에는 전체 출생아 수에 2.9%에 불과했으나 2017년에는 5.2%로 집계되었다. 특히 2018년의 경우 초등학생 수는 3.4배, 중학생은 2.8배, 고등학생 수는 3.5배 증가된 것으로 조사되었다. 이는 초등학생 수가 2012년부터 2016년까지 매년 감소하는 것과 대조를 이룬다.

다음은 행정안부에서 2006년에서부터 2018년까지 조사한 외국인 주민 자녀 현황표이다. 이 조사는 만 0세에서 만 18세를 대상으로 했는데, 외국인 주민 자녀 비율은 2013년 이후 늘지 않았으나, 외국인

[외국인 주민 자녀 현황]

년도	외국인 주민(명)	외국인 주민 자녀(명)	외국인 주민 자녀 비율(%)
2006년	536,627	25,246	4.7
2007년	722,686	44,258	6.1
2008년	891, 341	58,007	6.5
2009년	1,106,884	107,689	9.7
2010년	1,139,283	121,935	10.7
2011년	1,265,006	151,154	11.9
2012년	1,409,577	168,583	12.0
2013년	1,445,631	191,328	13.2
2014년	1,569,470	204,204	13.0
2015년	1,741,919	207,693	11.9
2016년	1,764,664	201,333	11.4
2017년	1,861,084	222,455	12.0
2018년	2,054,621	237,506	11.6

출처: 행정안전부, 2006년~2018년 지방자치단체 외국인 주민 현황.

주민수가 늘어나면서 자녀의 숫자는 꾸준히 증가하고 있다.

　다음은 다문화 가족 자녀 중 한국에서 학교를 다니는 비율을 나타낸 그래프이다.

[현재 한국에서의 재학 여부]

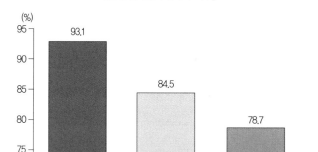

출처: 여성가족부 (2019). 2018년 전국 다문화가족 실태 조사, 533쪽.

　위의 그래프에서 보이는 바와 같이 여성가족부가 9세에서 24세 자녀를 대상으로 조사에 따르면 2012년 이후 다문화 자녀의 한국 재학 비율은 날로 높아져서 2018년에는 93.1%에 이른 것으로 나타났다. 또한 2015년에는 2012년보다 5.8%, 2018년에는 2015년보다 8.6% 증가하여 증가 속도도 빨라지고 있음을 알 수 있다.

　다문화 학생 수는 초, 중, 고등학교 전 학교급에서 꾸준히 증가하고 있는데 특별히 초등학교의 경우 2012년에 46,954명에서 2018년에 93,027명으로 큰 폭으로 증가했다.

　특별히 '다문화 사회'라고 하는 민족이나 인종, 문화적으로 다원화되는 사회적인 변화는 한국 사회가 새롭게 경험하고 있는 문제이

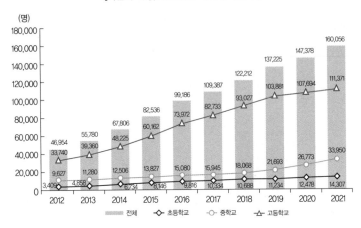

[다문화 학생/학교 급별 다문화 학생 수]

출처: 교육부, 2020년 교육 기본 통계.

기에 다문화 사회 속에서 발생하는 다문화 학교폭력의 문제는 선진적 국가들의 정책을 진면교사(眞面敎師)로 삼아 교훈으로 삼을 필요가 있다.

다문화 학생의 학교폭력 실태

다문화 자녀의 숫자 및 비율이 급속하게 늘어나면서 이들에 대한 학교폭력도 늘어나고 있는 실정이다. 여성가족부에서 진행한 '전국 다문화가족 실태 조사'에 따르면 다문화 학생의 학교폭력 피해 응답률은 다음과 같다.

아래 그래프에 보이는 것처럼 학교폭력 피해를 입은 적이 있다는 대답은 2012년 이후 전체학교급에서 점점 줄어들다 2015년에 이후 다시 증가하여 2018년에는 2012년 수준으로 반등한다. 현재 다문화 학생 재학 비율이 초등학교가 가장 높은 만큼 학교폭력의 비율도 가장 높았다. 특히 초등학교 고학년(9세~11세) 시기에 학교폭력을 경험한 비율이 가장 높은 것으로 나타났다.

다문화 학생의 학교폭력 피해 유형을 보면 가장 높은 것은 욕설이나 협박 같은 언어폭력으로 나타났는데, 이는 다문화 학생이 한국어 능력이 상대적으로 부족한 현실과도 관련된다. 보건복지부에서 의회에 제출한 자료에 따르면 다문화가정 아동 912명을 대상으로 언어 발달 테스트를 한 결과 38.2%에 해당하는 349명의 학생이 언어 지연 혹은 지체였으며 특히 6세 어린이는 일반 어린이의 언어능력에

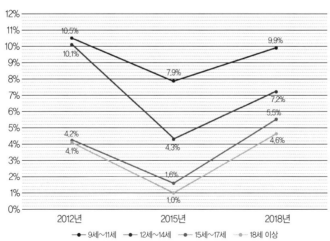

[다문화 학생의 학교폭력 피해 응답률]

출처: 이강호, 김하영 (2020). 일반 학생과 다문화 학생의 학교폭력 피해 실태 비교분석. 한국체육과학회지, 29(2), pp.797-808, 803쪽.

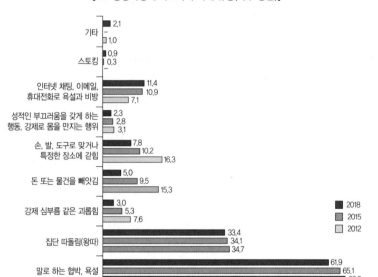

[초 · 중등학생의 학교폭력 피해 유형(복수 응답)]

기타: 2.1, 1.0

스토킹: 0.9, 0.3

인터넷 채팅, 이메일, 휴대전화로 욕설과 비방: 11.4, 10.9, 7.1

성적인 부끄러움을 갖게 하는 행동, 강제로 몸을 만지는 행위: 2.3, 2.8, 3.1

손, 발, 도구로 맞거나 특정한 장소에 갇힘: 7.8, 10.2, 16.3

돈 또는 물건을 빼앗김: 5.0, 9.5, 15.3

강제 심부름 같은 괴롭힘: 3.0, 5.3, 7.6

집단 따돌림(왕따): 33.4, 34.1, 34.7

말로 하는 협박, 욕설: 61.9, 65.1, 66.5

2018 / 2015 / 2012

출처: 여성가족부 (2019). 2018년 전국 다문화가족 실태 조사, 540쪽.

비해 30%정도만 발달한 것으로 드러났다.

다문화 가정에서 자란 아이들의 부족한 언어 능력은 교사에 의한 2차 가해로 연결될 수 있는 위험성을 내포한다. 필리핀인 어머니를 둔 초등학교 4학년 학생이 같은 반 친구에게 목을 졸리고 구타를 당했는데, 어머니가 교사에게 가서 항의를 하자 교사는 "무슨 말이냐, 알아듣지 못하겠다"라면서 상담조차 응하지 않았던 사례가 보고되기도 했다.[1]

---

1   복지교육인터넷뉴스, '다문화자녀들이 당하는 학교폭력과 집단따돌림 교사는 나몰라', 2012년 5월 21일

또한 일본인 엄마를 둔 한 중학생은 친구들과 휴대폰 게임을 하기 위해 데이터를 나눠 썼는데, 같이 나눠 쓴 학생의 학부모가 휴대폰 요금 고지서에 나온 30만 원에 대한 비용을 다문화 학생의 책임을 돌렸고 이 때문에 학교폭력대책자치위원회에 소환되기까지 했다. 한국어 실력이 부족한 엄마가 위원회에서 제대로 대응을 하지 못했고, 다문화 학생도 제대로 소명을 못 해서 일명 '와이파이 셔틀'의 가해자로 일방적으로 지목된 사례도 있다.[2]

두 번째로 많이 나타나는 학교폭력 유형은 집단따돌림(왕따)인데, 이로 인한 문제는 언어폭력 못지않게 심각하다. 방글라데시 아버지를 둔 초등학교 4학년 학생이 친구들부터 집단 따돌림과 폭행을 당해서 자살 시도까지 한 사건이 벌어졌다. 가해 학생들에게 폭행 이유를 묻자 단지 '반에서 가장 재수 없는 아이'로 뽑혔기 때문이라 해서 충격을 더했다.[3]

특히 다문화 학생만을 따로 분리하여 한글이나 보충 수업을 하는 '다문화반'과 같은 방과 후 수업은 따돌림을 심화시키는 역할을 한다. 다문화 학생에게 낙인 효과를 주기 때문이다. 이 문제를 취재한 CBS 보도부는 교육청이 다문화 거점 학교나 글로벌 선도 학교를 지정하였으나 '다문화'라는 이름 때문에 아이들이 예상치 못한 차별을 받거나 일부 다문화가정 부모들이 강하게 반발하며 수업에 참여하

---

2 강효정 (2016), '다문화가정 자녀의 학교폭력 피해 사례와 대응방안', 다문화와 인간, 5(2), 121-144, 137쪽.

3 포커스신문사, '가장 재수없는 아이로 선정 후 끌고 가 집단폭행', 2012년 1월 9일

지 않는 경우도 늘고 있다고 보도했다.[4]

전문가들도 이렇게 따로 다문화 아이들을 모아서 수업이나 활동을 하는 것이 바람직하지 않다고 지적하는데, 한국여성정책연구원 김이선 연구위원은 "외국에서도 이주민 공동체가 자신들의 프로그램을 운영하는 걸 많이 볼 수 있다. 그러나 학교가 학생들의 문화적인 배경에 따라 구분하여 교육하는 나라는 한국 밖에 없다."라고 지적한다.[5]

또한 다문화 · 탈북 전문 교육기관인 '무지개 청소년센터'의 신현옥 소장도 "어떤 다문화가정 아이가 일반 아이들과 똑같이 어울리고 싶어 하는데 담임교사가 다문화가정 자녀니까 다문화반에 가라고 했다고 한다. 이 아이는 수치심을 느껴 '왜 가야 하는지 모르겠다'며 울먹였다고 들었다"고 하면서, "분리 위주의 프로그램은 장기적으로 아이들에게 안 좋은 영향을 미칠 수 있다"라고 주장한다.[6]

다문화 학생을 때리거나 특정 장소에 가두는 행위 그리고 돈 또는 물건을 빼앗는 신체 폭행 및 금품 갈취 등의 물리적 폭력은 해가 지날수록 줄어드는 반면에, 인터넷 채팅, 이메일, 휴대전화 등으로 욕설과 비방을 일삼는 사이버 괴롭힘은 증가 추세에 있다. 이는 일반적인 학교폭력의 추이와도 일맥상통하는데 특별히 코로나 사태로 인해 사이버 괴롭힘이 폭발적으로 증가하고 있는 추세라 걱정을 더

---

4 CBS TV 보도부, '다문화 학생 왕따 만드는 따로수업', 2012년 6월 5일
5 이애련 (2015). '한국의 다문화가정자녀의 학교부적응 및 폭력문제 해결방안에 일본의 다문화정책 적용에 관한 연구', 한국사회복지질적연구, 제9권 2호, pp. 111-142.
6 위의 논문

한다.

여성가족부에서 행한 다문화가족 실태 조사에 따르면 다문화 학생들은 학교폭력을 당했을 때 부모님 등 가족이나 학교에 알린다는 대답이 가장 많았으나 일반 학생에 비해서 117 상담센터에 알린 비율이 5.5%로 상당히 낮았다. '별다른 생각 없이 그냥 넘어갔다' 혹은 '부당하다고 생각했지만 참았다'라는 대답이 주를 이루었고, 이를 합산하면 48.6%로 학생들이 자신의 학교폭력 사실을 제대로 알리지 못하는 것으로 나타났다(2018년 기준). 이러한 사실은 다문화 학생이 학교폭력의 피해자가 되어도 이를 제대로 알리지 못해서 2차 피해를 당할 확률이 일반 학생에 비해 훨씬 높다는 것을 시사한다.

다문화 학생에 대한 학교폭력 원인

다문화 학생들은 왜 학교폭력에 취약할까? 그 원인은 바로 다문화가정이라는 생득적인 특성에 있다. 즉, 대부분의 다문화 학생들이 학교폭력에 노출되는 이유는 바로 '다문화'이기 때문이다.

대한민국이 단일민족이라는 근본적인 신화는 사라졌지만 사회적으로 다름을 수용하는 개방성은 여전히 부족하다고 할 수 있다. 다시 말하면 우리나라에서 일어나는 많은 학교폭력의 근본적인 원인이 우리 사회의 '차이'에 대한 관용 부족이라는 관점에서 보면 너무나 당연하게 따라오는 귀결이다. 피부색이 다르기 때문에, 부모 국적이 다르기 때문에, 언어가 다르기 때문에 학교폭력의 타깃이 되는 쉽다. 특히 미숙한 아이일수록 이런 차이에 대한 이해가 부족한데 초등학교에서 다문화 학생의 학교폭력 비율이 높게 나타나는 이유도 여기에 있다.

다음의 사례는 다문화 학생을 향한 학교폭력의 특징을 극명하게 보여 준다:

> "학급에서 가장 재수 없는 아이를 투표로 뽑았다. 28명 중 2명을 제외한 아이들이 이스마엘을 지목했다. 투표 결과가 나오자 남자아이들이 방글라데시인 아버지를 둔 이스마엘을 교실 뒤로 끌고 가 발길질을 시작했다. 온몸에 타박상을 입은 아이는 병원으로 옮겨졌다. 이후에도 반 아이들의 폭력은 계속됐다. 어느 날 이스마엘은 엄마에게 고통 없이 죽는 방법이 없느냐고 물었다. (중략) 이스마엘은 심한 우울증과 대인기피 증세를 보이고 있다. 이스마엘이 폭행을 당한 이유는 단지 피부색이 검다는 것이었다."[7]

교사의 부족한 이해심도 다문화 학생에 대한 학교폭력을 심화시키는 결과를 낳는다. 예컨대, 한국 학생과 다문화 학생 간에 다툼이 일어났을 때 이해심이 부족한 교사는 한국 학생의 편을 드는 경우가 많고, 이것이 다문화 학생 및 부모의 언어 부족과 만났을 때는 소통의 부재로 편견이 더 깊어질 수밖에 없다.

---

7   국민일보, '다문화 학생 더 이상 방치 안 된다', 2012년 3월 19일

한국 사람들이 특정 인종이나 문화 나라에 가지고 있는 편견 (stereotype)도 큰 문제이다. "몽골 사람들은 싸움을 잘한다.", "중국 사람들은 시끄럽다.", "일본 사람들은 겉과 속이 다르다." 등등 우리가 은연중에 다른 민족에 대해 규정하고 있는 생각들이 다툼이나 갈등의 상황 속에서 드러나면서 학교폭력을 심화시키거나 혹은 피해자 학생에게 씻지 못할 심리적 상처를 준다.

물론 대부분의 교사는 다양한 연수와 경험을 통해 다문화 학생에 대한 배려와 이해를 확대하려는 노력을 하고 있고 정부에서도 다양한 다문화 정책을 통해 이를 뒷받침하고 있다. 그럼에도 불구하고 생득적 특성 때문에 학교폭력의 피해자가 된 다문화 학생들의 회복과 치료는 타 학생에 비해 어려운 것이 사실이다. 다문화 피해 학생을 상담하는 교사의 다음과 같은 고백은 이러한 어려움을 적나라하게 드러낸다:

"피해 학생이 '내가 다문화라서 그래요'라며 자신의 정체성에 대해 얘기할 때 난감해요. 학교폭력은 학생들 문화에서 나오는 것이기도 하지만 '원인이 이것이다'라고 범주화하기 힘든데, 학생들은 평상시 학교에서 주목받는 대상이니깐 피해를 받았다고 생각해 버려요."[8]

2018년 발표된 "국민 다문화수용성 조사"에 따르면, 우리나라 성

---

8   이미령 (2020). '다문화 사회 학교폭력 상담에서의 상호문화 감수성의 영향', 인문사회21, 제 11권 3호, 457쪽.

인의 다문화 수용성은 2015년 조사에 비해 오히려 1.14점 하락하였을 정도로 심각하다. 특히 "다문화 현상에 익숙해지고 그것을 받아들이고는 있지만, 한국사회 내 이민자 집단과 교류하려는 의지는 낮아지고, 이민자들이 한국에 동화를 하는 것이 필요하다는 인식은 높아지고 있는 것으로 나타났다."[9]

청소년의 다문화 수용성은 2015년 조사에 비해 2018년에는 3.59점 상승하였을 뿐만 아니라 성인 점수보다 19점 가량 높았다. 그럼에도 불구하고 "이민자 집단과 교류하려는 의지가 높고 차별의지가 낮은 것으로 나타났지만, 성인들과 동일하게 이민자가 한국문화에 동화되어야 한다고 생각하고 있었다."[10]

우리나라는 아직까지도 단일민족 정서가 강해 이민자나 다문화 학생이 한국인으로서의 정체성이나 소속감을 갖고 한국사회에 적응하기 하도록 스스로 노력해야 한다는 동화주의 정서가 주류를 이룬다. 이러한 정서는 결과적으로 다문화가정 및 학생의 사회적 유대 및 네트워크를 축소시킨다.

여기에 경제적인 문제까지 겹치면 다문화 학생이 학교와 사회에 적응하는 것을 힘들게 만든다. 실제로 다문화가정의 소득은 일반가정에 비해 현저하게 적다. 2012년을 기준으로 했을 때, 여성 결혼 이민자 전체 가구의 52.9%가 최저생계비 이하의 소득수준을 가진 것

9   이혜림 (2020). '다문화가족 자녀의 문화적응 유형과 환경이 우울감에 미치는 영향에 관한 연구', 한국정책학회보. 제29권 4호, 327-356쪽. 328쪽.

10 위의 논문

으로 드러났으며, 대부분의 가정이 한국 사회 평균 소득 이하였다. 다문화가정의 상당수가 베트남이나 필리핀 등 동남아시아 국가에서 온 여성들의 국제결혼으로 이루어지는데, 이들의 배우자는 농촌에 사는 노총각으로 소득이 높은 편이 아니라 결혼 후에도 경제적 빈곤 수준이 심각하다.

이러한 경제적 문제는 사회적인 편견과 더불어 아이들이 학교에서 적응하기 어렵게 만든다. 따라서 다문화 학생의 학교폭력 문제를 분석하는 데 있어서 학생의 인구 사회학적 특성을 고려해야 하며, "다문화 청소년은 다른 외모로 인한 신체적 취약성과 더불어 사회인구학적으로 소수자에 속하기 때문에 표적의 취약성에 노출되기 쉬우며 부모가 방치하거나 방임할 경우 왕따, 놀림 등의 학교폭력 피해"를 경험할 위험이 크다는 것을 명심해야 한다.[11]

실제로 다문화 가족 자녀의 지난 1년간 사회적 차별 경험은 2015년에 비해 2018년에 2.3%나 높아졌는데, 특히 부모 모두 외국 출신인 자녀의 차별 경험률이 가장 높게 나타났다. 차별한 사람들 중 다수를 차지한 사람은 친구로 그 비율이 2015년에 비해 13% 이상 높아졌으며, 두 번째를 차지한 '모르는 사람'에 비해서도 45.6% 높은 것으로 나와 친구에 의한 차별 경험이 두드러졌다.

사회 경제적인 약자인 다문화 학생은 정신적인 고통을 경험할 가능성도 더 크다. 다문화 학생이 경험하는 차별 및 폭력의 경험은 사

---

11 이윤영 (2019). '다문화 청소년의 학교폭력 피해 경험이 문화적응스트레스에 미치는 영향: 사회적 지지의 조절효과를 중심으로', 한국범죄학 13권 1호. 27~48. 30쪽.

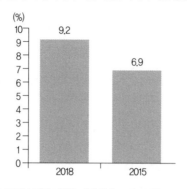

[다문화 가족 자녀의 지난 1년간 사회적 차별 경험]

출처: 여성가족부 (2019). 2018년 전국 다문화 가족 실태 조사, 580쪽.

회적인 위축이나 단절을 유발하여 우울증이나 심리적 고통을 겪게 하는 강력한 기재임을 여러 연구를 통해 확인되었다.[12] 이러한 우울증이나 심리적 고통은 결국 다문화 학생들의 자아 존중감에 영향을 끼치는데, 다수의 학교폭력 연구를 통해 드러난 바처럼 자아 존중감은 학생의 학교생활 및 학업 성취도에 많은 영향을 끼친다.

따라서 가구소득이 떨어질수록 자아 존중감이 낮아진다는 점, 외국에서 주로 성장한 자녀일수록 한국에 와서 자아 존중감이 낮은 점, 양친 모두 외국 출신인 다문화 학생의 자아 존중감이 가장 낮은 점은 모두 사회 경제적 배경과 환경이 다문화 학생의 심리적 안정과 자아 존중감에 얼마나 많은 영향을 끼치는가를 보여 준다고 할 수

12 김원영, 김경식 (2020). 사회적지지가 다문화청소년의 학교폭력 피해경험에 미치는 영향 - 우울과 사회적 위축을 매개로 -, 문화교류와 다문화교육, 9(2), 125-150.

있다.[13]

다문화 학생의 학교폭력 대응 현황

정부는 2008년 「다문화가족지원법」을 제정한 후로 다양한 정책 및 제도를 통해 한국에 정착하는 다문화 가족 및 자녀를 지원하고 있다. 많은 정책이 여성가족부를 통해 지원되고 있는데, 여성가족부의 사업은 크게 '다문화 가족 지원 사업' 및 '다문화 학생 지원 사업'으로 구분할 수 있다.

다문화 학생 지원 사업은 만 9~24세 다문화 자녀 또는 중도 입국 청소년을 대상으로 하며 (1)심리/정서, (2)학업/진로, (3)한국 사회 정착/적응, 세 가지 영역으로 구성되어 있다. 심리정서 영역에서는 상담, 멘토링, 심리 치료 등의 방법으로 다문화 자녀들의 심리적 안정과 정서적 지지를 통한 도움을 제공하고, 학업/진로 영역에서는 '무지개 Job아라, 내일을 잡아라'와 같은 진로 지원 프로그램, '친친 무지개 프로젝트' 등을 통해 다문화 학생들의 진로 탐색 프로그램 및 교육 훈련을 제공한다. 마지막으로 정착/적응 영역에서는 한국어 교육, 한국 사회 교육 등을 통해 한국 생활에 적응하는 데 필요한 제반 사항 및 문화 체험 프로그램 등을 제공한다.

---

13 여성가족부 (2019). 2018년 전국 다문화가족 실태 조사. 569, 570쪽.

근래에 들어서는 다문화 학생 지원 사업의 초점이 한국 사회 적응에서 역량 강화로 변화하고 있는 추세다. 여성가족부는 물론 교육부 및 외교부도 참여하고 있는데, 교육부에서는 언어/수학/과학 특기자를 대상으로 글로벌 브릿지 사업을 추진하면서, 여성가족부와 외교부와 함께 이중언어자 대상의 국제 교류 프로그램도 추진하고 있다. 이는 다문화 학생의 단점을 보완하여 한국 사회의 적응을 도우려던 종전의 정책에서 이들이 가진 장점을 파악하고 이를 극대화시켜 역량 강화라는 선순환으로 바꾸고자 노력의 일환이다. 하지만 학교폭력의 피해를 입고 있는 다문화 학생들을 도와주는 프로그램은 부재한 실정이다.

　앞에서 살펴보았듯이 다문화 학생이 경험하는 학교폭력의 피해는 일반 학생에 비해 그 영향력과 심리적 충격뿐 아니라 대응 방법에서도 피해가 커질 수밖에 없는 상황이다. 사회 경제적 약자일 뿐만 아니라 언어적 부족으로 인해 자신은 물론 부모도 적극적으로 상황에 개입하고 자신을 변호해 줄 수 없는 처지이기 때문에 학교폭력의 처리 과정에서도 2차 가해를 입는 상황이 빈번하게 일어난다. 따라서 학교폭력 피해를 당하는 다문화 학생을 적극적으로 변호해 주고 학급 내 또래 집단 사이에서의 갈등을 중재해 줄 수 있는 어른 즉 교사의 역할이 무엇보다 중요하다고 할 수 있다.

　특별히 "교사의 지지를 더 많이 받은 청소년은 가족의 지지를 많이 받은 청소년보다 심리적 고통을 덜 느낄 뿐만 아니라, 가족의 지지가 낮은 청소년들에게 교사의 지지가 긍정적인 보상 역할을 한다"

는 연구 결과에서도 드러난 것처럼, 다문화 학생들에 대한 교사의 개입은 그 어느 제도적 장치나 프로그램보다 효과적일 것으로 생각된다.[14]

즉 "다문화 청소년과 교사의 관계가 깊을수록 학교폭력 피해 경험이 사회적 위축에 미치는 정적(+) 영향이 감소"하기 때문에, 이들의 보호와 치료를 위해선 교사와의 깊은 유대 관계가 정말 중요하며 정책 및 제도적 요소도 다문화 학교폭력 피해 학생을 위해서 교사의 보호 지도 역할을 강조하는 방향으로 나아가야 한다.[15]

학교폭력과 소속감

다문화 학생에 대한 학교폭력은 우리나라에 국한된 것만은 아니다. 학교폭력 및 집단 괴롭힘이 전 세계적인 현상인 것처럼 사회 경제적 약자인 다문화 학생을 대상으로 한 폭력 비율이 더 높다는 사실을 UN의 보고서도 증언해 준다.

UN에서 유럽과 북미 국가를 대상으로 집계한 통계에 의하면 이주 배경을 가진 학생이 자국에서 태어난 학생보다 6.7%나 높게 괴롭힘을 당한다는 조사 결과가 나왔다. 그뿐만 아니라 이주 배경 학

14　이민솔, 문국경 (2021). '다문화청소년의 학교폭력 피해경험이 사회적 위축에 미치는 영향: 교사와의 관계 조절효과를 중심으로,' 현대사회와 다문화, 제11권 2호, pp. 103-125, 120쪽.

15　위의 논문, 118쪽.

생은 그렇지 않은 학생보다 사이버 괴롭힘을 당할 확률도 4.8%나 높게 나타났다.

2018년에 유네스코에서는 소속감(sense of belonging)과 집단 괴롭힘을 당하지 않을 확률의 상관관계 및 소속감과 학업 성취율의 상관관계를 각 나라별로 조사하였다. 진보적인 학교폭력 제도를 가졌고 상대적으로 학교폭력 비율이 낮은 북유럽 국가들(덴마크, 스웨덴, 노르웨이)이 두 상관관계도 가장 높은 것으로 나타났다. 특이할 만한 점은 이들 북유럽 국가도 지속적으로 이민자의 숫자가 증가하고 있으며 이들 자녀의 학교 적응 및 동화를 위해 정부 차원에서 많은 노력을 기울이고 있다는 것이다.

이런 유네스코의 조사 결과는 이주 청소년에 대한 학교 내에서 혹은 사회 내에서의 소속감을 높이는 것이 학업 성취도를 높이는 것뿐 아니라 학교폭력 비율을 줄이는 데도 효과적이라는 사실을 알려준다.

미국, 호주, 캐나다, 뉴질랜드 등 전통적인 이민 국가의 이민자 자녀(13~18세)를 대상으로 하여 문화 적응에 대한 연구를 한 결과를 바탕으로 이민자에 대한 문화 적응 유형을 만든 심리학자 존 베리(John Berry)교수의 연구(2006)[16]는 상당한 시사점을 준다.

다음 그림에서 가로축은 '사회적 문화 적응'에 대한 측정으로 이민 간 나라의 주류 사회 문화와 접촉 참여할 의지를 나타내고, 세로

---

16 Berry, Phinney, Sam, and Vedder. (2006). Immigrant Youth: Acculturation, Identity, and Adaptation. International Association of Applied Psychology, 53(3): 303-332.

[이민자의 문화 적응 유형]

사회적 문화 적응
주류 사회 문화와 접촉 참여할 것인가?

심리적 문화 적응 민족 정체성을 유지할 것인가?		YES	NO
	YES	통합(Integration)	분리(Separation)
	NO	동화(Assimilation)	주변화(Marginalization)

출처: 이혜림 (2020). 다문화가족 자녀의 문화 적응 유형과 환경이 우울감에 미치는 영향에 관한 연구. 한국정책학회보. 제29권 4호, 327-356쪽. 331쪽.

축은 '심리적 문화 적응'에 대한 측정으로 떠난 나라에서 가지고 온 민족 정체성을 얼마만큼 유지할 것인가에 대한 것이다.

우리나라에 온 방글라데시 노동자의 자녀의 예를 들자면 통합 유형의 자녀는 방글라데시의 민족 정체성을 잘 가졌을 뿐 아니라 한국에 와서도 학교생활에 잘 적응하며 친구들과 잘 교류하는 아이를 말하고, 동화 유형의 자녀는 방글라데시의 문화나 민족 정체성은 대부분 잊고 우리나라의 학교나 사회에만 귀속된 아이를 나타낸다.

분리 유형의 자녀는 한국 학교에서 자퇴를 하거나 등교를 거부하면서 방글라데시 혹은 동남아시아에서 온 친구와만 교류하기를 원하는 학생을 말한다. 그리고 마지막으로 주변화 유형은 한국 학교에서도 적응하지 못하고 비슷한 다문화 자녀들과도 친구를 맺지 못하고 부모와도 불화를 겪는 아이를 나타낸다.

네 가지 유형 중 가장 이상적인 유형은 통합 유형이라 볼 수 있다. 연구에 따르면 다문화 자녀의 부모와의 관계가 다문화 청소년의 사회적응을 결정짓는 가장 중요한 요소라고 한다.[17] 다문화 학생이 학교 및 주류 사회에 적응하는 데 있어서 가장 큰 영향력을 끼치는 집단은 부모로, 부모의 정체성이 자녀의 심리적 안정감에 많은 영향을 미친다는 것이다. 그래서 다문화 청소년을 이해하는 데 있어서 부모가 주류 사회에 가지는 태도 및 민족적 정체성에 대한 이해가 필수다.

특히 부모와 자녀의 민족 정체성의 차이가 클수록 이들의 관계가 나빠지는 경향이 발견된다. 부모가 떠나 온 나라의 민족적 정체성을 강요하면서 스스로가 주류 사회에 적응을 잘 못하는 경우 자녀는 사회 정서적 혼란을 경험한다. 자녀가 학교나 이민 온 나라에 적응하는 데도 악영향을 끼칠 수 있다.

따라서 다문화 학생이 학교에서 적응하는 데 있어서 부모와의 상담을 통해 이들의 가정환경과 배경을 파악하는 것은 학생의 적응과 심리적 안정을 위해서 반드시 필요한 과정이다. 이를 통해 다문화 학생이 학교 안에서 소속감을 갖고 자신이 속한 사회에 대한 긍정적인 인식과 사회적 네트워크를 형성하게 하는 것이 이들에 대한 보호와 기회 보장을 위해 선행되어야 되는 과제다.

17 Berry, J. W., & Sabatier, C. (2010). Acculturation, discrimination, and adaptation among second generation immigrant youth in Montreal and Paris. International Journal of Intercultural Relations, 34(3): 191-207.

외로운 늑대를 위하여

인구 절벽을 경험하며 필연적으로 '이민 국가'로 진입하고 있는 우리나라에게 서구 사회의 상황은 시사점이 크다. 우리나라에서 초등학교 학생 수가 줄어드는 반면에 다문화 학생 수는 증가하는 사실만 봐도 이에 대한 시급함을 알 수 있다. 이런 상황에서 다문화 학생에 대한 학교폭력을 방치한다면, 유럽 국가들이 이주 배경 청소년 및 청년 문제를 등한시 하여 일어나는 '외로운 늑대'에 의한 테러가 우리나라에도 일어날 가능성이 있다.

'외로운 늑대'란 유럽 국가에서 자라난 무슬림 이민자 2, 3세대 중 '자생적 테러리스트'가 된 사람들을 일컫는 표현으로 무슬림으로서 유럽 국가에서 살아가면서 경험한 여러 인종차별, 실업 등으로 극단주의 무장단체에 가담하여 테러를 일으키는 사례가 유럽의 사회적 문제로 대두되면서 널리 알려진 현상이다.

국제적으로 널리 알려진 평화학자인 린 데이비스(Lynn Davies) 교수가 자신의 저서 『극단주의에 맞서는 평화교육』에서 한 말은 사회에 경종을 울린다.

"테러리즘은 반드시 빈곤이나 문맹 때문에 생겨나는 것은 아니다. 테러리스트들이 중간계급 혹은 특권층 출신의 고학력자가 많고, 이들을 지지하는 사람들도 평범한 시민보다 교육을 더 많이 받은 것으로 우리는 파악한다. 피터 맨스필드는 이슬람 행동주의는 빈민층이 아니라 좌절한 중간계급의 피조물이라고 주장한다. … (즉) 좌절감은 정부 정책이나 글로벌화의 거대한 힘에 영향을 미칠 수 없다는 데서 비롯하는 것이다."[18]

이와 같은 맥락에서 최수향 한국 유네스코 교육국장도 비슷한 목소리를 낸다. 그는 한국에서 다문화 가정과 학생 수는 증가하는 반면 한국인 속에 뿌리 깊게 자리 잡은 '인종주의적 성향'은 여전하여, 다문화 학생에 대한 학교폭력 증가를 방치할 경우 자칫 사회 전반적인 안정성을 위협하는 문제로 확산될 가능성이 높다고 주장한다.[19]

또한 한 인터뷰에서 한유경 이화여대 교수는 "백인들에 대해서는 그들의 외모를 동경하고 내집단으로 편입하려는 반면 유색인종에 대해서는 무시하거나 깔보는 경향이 여전히 한국 사회에 존재한다"며 "동남아나 중국 출신 부모들이 많은 다문화 가정 학생들의 특성상 학교폭력에 노출돼 상처 받을 가능성이 높고, 이런 문제들이 누적된다면 사회적으로는 큰 비용을 치르게 될 것"이라고 강조했다.[20]

외로운 늑대에 의한 학교와 사회 내에서의 폭력을 방지하기 위한 방안으로 린 데이비스는 '비판적인 시민 교육'을 제안한다. 비판적

---

18 린 데이비스 (2014). 『극단주의에 맞서는 평화교육』, 한울, 79쪽.

19 2017년에 개최한 '한 유네스코 국제심포지엄'에서 한유경 이화여대 학교폭력예방연구소장의 인터뷰 내용과 최수향 유네스코 국장의 인터뷰 내용을 재인용하였다. 헤럴드경제, '다문화학생 대상 학교폭력, 방치하다 유럽식 테러 부를 수 있다', 2017년 1월 19일(http://news.heraldcorp.com/view.php?ud=20170119000135)

20 위의 기사

시민 교육이란 "다양성에 대한 정치교육, 토론할 주제와 용인되는 관점의 범위를 의식적으로 확대"시키는 시민교육으로, "토론 규칙이 일단 확립되면, 안심할 수 있는 환경에서 생각들을 시험"해 볼 수 있게 하는 교육과정이 특징이다.[21]

데이비스 교수는 학생들과 함께 '성차별 학교' 혹은 '인종주의 학교'를 만드는 실습을 했다. 이 교육과정은 학생이 주체적으로 인종주의, 군국주의, 권위주의, 성차별 등에 대한 이슈를 생각해 보고 깨닫게 하는 목적으로 설계되었다. 일부러 극단적이고 모순적인 상황을 만들고 생각해 보게 함으로써 사고의 한계를 넓히고 문제에 대해 다양한 관점을 가지게 하는 '수평적 사고(lateral thinking)' 기법을 사용한 교육과정이라 하겠다. 극단주의적인 태도 및 논의를 발전적인 방향으로 수용하고 대응하기 위해 학교가 택할 수 있는 교육과정에서의 전략은 다음과 같다:[22]

- 극단주의적인 태도의 표현을 허용하기. 그래야만 극단주의적인 태도와 논리를 가진 사람을 헐뜯지 않으면서 극단주의적인 태도에 대해 토론할 수 있다. 물론 사람들이 신체적으로나 심리적으로 해를 입지 않는 한계 내에서 실행한다.
- 모욕의 본질과 어떤 경우에 모욕을 받아 마땅한지를 이해하고 토론하기. 표현의 자유에 대한 권리를 단지 모욕하기 위해 행사하

---

21 린 데이비스 (2014). 『극단주의에 맞서는 평화교육』, 한울, 254쪽.

22 위의 책, 248쪽.

는지 아니면 불의에 대항하거나 잘못을 지적하려고 행사하는지, 그 동기와 인권에 대한 분석이 필요하다.

- 모든 형태의 비판적인 미디어 분석과 담론 분석을 할 수 있는 역량 기르기. 여기에 (최근에 문제가 되고 있는) 사이버 공간과 그 이용실태에 대한 분석을 포함하는 것이 중요하다.
- 정치 교육의 일부로서 풍자와 만화를 이해하고 만들어 보기. 미디어에서 권력자를 풍자하는 것인지 아니면 자신의 목소리를 전달할 수단을 갖지 못한 사람들을 농락하는 것인지 권력과 책임의 문제에 대해 이해하는 것을 포함한다.
- 유머와 자유분방함. 물론 약자들이 희생되지 않는 한계 내에서 유머와 자유분방함을 표현하는 것이 중요하다.

전통적이고 보수적인 사고방식을 가진 교육자들이 보기에 이러한 제안은 다소 '지나친(too much)' 것처럼 보일 수 있다. 하지만 학교에서 혹은 공적인 공간에서 이러한 생각을 가두고 쉬쉬할수록 우리의 학생들은 자신들만의 공간(그것이 사이버 공간이든 친구들 간의 대화이든 간에)에서 더 극단적인 생각을 표현하고 공유할 것이다. 오히려 존재하지만 수면 아래에 있는 듯한 이러한 생각을 공개적으로 꺼내고 교사와 같은 경험과 지혜를 가진 어른들과 같이 토의하는 자리를 마련하는 것이 궁극적으로는 학생들의 안전한 사고 발달과 극단주의 배격을 위해서 더 좋은 전략이 아닐까 하는 생각이 든다.

사회적 포용

결국 다문화 학생이 갖는 소속감은 '사회적 포용(social inclusion)'과 밀접한 관련을 갖는다. 사회적 포용이라는 개념은 유럽에서 발전했는데, 이 개념을 공식적으로 정의한 유럽연합 문서에서는 이를 "빈곤과 사회적 배제의 위험에 처한 사람들이 경제적, 사회적, 정치적, 문화적 생활에 완전히 참여하고 그들이 살고 있는 사회에서 정상적인 것으로 간주되는 생활수준을 누리는 데 필요한 기회와 자원을 얻도록 보장하는 과정"이라고 정의하고 있다.[23]

즉 사회적 포용을 위해서는 다문화 학생이 관계를 맺을 수밖에 없는 친구, 교사, 학교, 지역사회 모두의 지원이 필요하기에 다문화에 대한 인식을 높이는 다양한 시민교육이 학교 및 사회 전반적으로 실행되어야 한다.

다음의 그림은 다문화 학교폭력 문제를 설명하면서 다루었던 주요한 원인과 이들 사이의 관련성을 시각적으로 보여 준다. 사회적 포용성은 결국 부모, 교사, 친구가 가지는 다문화 자녀에 대한 인식을 제고하고 고취함으로써 학생들이 노출되는 우울증과 같은 심리적 고통을 덜어 주고 이를 통해 이들이 느끼는 사회적 위축을 감소시킴으로써 결과적으로 학교폭력 피해를 경감시키는 효과를 가지게 된다.

---

23 as defined in European Commisson (2004), Charter of the Fundamental Rights of the European Union; Joint Report on Social Inlusion. p. 10

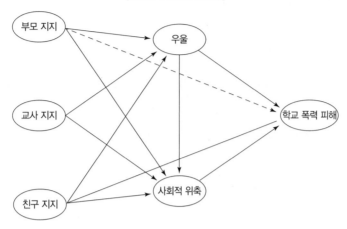

[학교폭력 원인의 관련성]

출처: 김원영, 김경식 (2020). 사회적지지가 다문화청소년의 학교폭력 피해경험에 미치는 영향 – 우울과 사회적 위축을 매개로 –, 문화교류와 다문화교육, 9:2, 125–150. 139쪽.

　　따라서 사회 전반적으로 사회적 포용성을 확대하는 다양한 정책적 제도적 노력과 함께 학교 내에서는 아이들이 이런 문제에 대해 쉬쉬하는 것이 아닌 적극적으로 표현하고 공감하고 나누어 보는 개방적인 분위기를 만들어 주는 환경을 만들어 주어야 한다. 이것이 '곧 오게 될' 이민 국가의 문제점을 상쇄시켜 줄 가장 근본적인 해결책임을 직시할 때다.

6장

우리나라의 학교폭력 현황 3
탈북 학생

늘어나는 탈북 청소년

분단국가인 우리나라는 분단으로 인한 내부갈등과 세대 간 갈등이 결합되어 대내외적 혼란을 거듭해 왔다. 지난 70년 동안의 노력에도 불구하고 평화 정착과 남북 간 갈등 해결은 여전히 풀리지 않고 있다. 이러한 갈등이 탈북 청소년에 대한 처우와 인식에서 표면적으로 드러난다.

분단체제로 인해 각 집단에서 내재화되고 증폭된 정서적 갈등이 해결되지 않은 피상적인 화합의 모습으로만 나타나고, 민족 간의 물리적, 정신적 갈등과 전쟁으로 지속된 내면적 상처와 고통이 치유되지 못하여 자라나는 청소년 세대에게도 새로운 정서적 갈등의 요인이 될 수 있는 불씨를 남겨 놓았다.

탈북민들이 한국 사회에 본격적으로 입국하기 시작한 것은 1990년대 중반 북한의 식량난으로 이야기되는 '고난의 행군' 시기 이후였다. 증가하는 탈북민에 대응하기 위해 우리 정부는 2000년대 초반부터 탈북 청소년들을 위한 교육 지원 정책을 수립하기 시작하였다. 초기 탈북 청소년 교육 지원 정책은 대안 학교 등 민간 교육시설에 대한 지원과 탈북 청소년들을 위한 학교 설립 등 교육 기회 보장에 중심을 두었다. 이후 서울시와 같이 탈북 학생들이 비교적 많은 시·도를 중심으로 탈북 학생 교육 지원 정책도 추진되었다.

2009년부터는 교육부가 전국적인 차원에서 개별 탈북 청소년들을 위한 교육 지원 정책을 수립하여 집행하였다. 한국 정부의 탈북 청소년 교육 지원 정책이 본격적으로 실행된 것은 정규학교에 재학하는 탈북 청소년들의 숫자가 1,000명을 넘어선 2009년부터라 할 수 있다.

탈북 학생의 수는 꾸준히 증가하고 있지만 전체 학생의 규모에 비해서는 적은 숫자이다. 2020년 교육부 통계에 의하면 한국의 초·중·고 정규학교에 재학하고 있는 학생 수는 5,397,468명이고(방송통신 중고등학교, 특수학교 기타학교 포함), 이중에서 탈북 학생의 비율은 0.04%에 불과하다.

탈북 청소년 중에는 정규 초·중·고 학교에 다니지 않는 학생들도 있다. 다음의 그래프에서 확인할 수 있듯이 20세 이하의 탈북 청소년들 중에는 정규 초·중·고 학교에 다니는 학생들이 대부분이지만 일부의 청소년들은 학교 밖의 대안 교육 시설에 다니고 있으며, 이들의 대부분은 검정고시를 준비하는 학생들이다.

2020년 통계에 의하면 탈북 청소년 중에서 정규학교에 다니지 않고 대안 교육 시설에 다니는 청소년들이 12.6%가 있는 것으로 파악되었다. 그 외에도 사설 학원에 다니거나 독학으로 검정고시를 준비

[재학 중인 학교 유형]

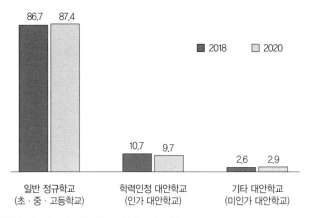

출처: 남북하나재단 (2020). 탈북 청소년 실태 조사. 24쪽.

하는 탈북 청소년들도 있을 것이지만 이들에 대한 통계는 파악되지 않고 있다.

또한 중국 등 제3국 출생 탈북 청소년의 비율이 매년 증가한다는 점에서 북한 출생 청소년과 다른 언어적인 문제, 정체성 혼란, 문화적 이질성 등의 부적응 요인을 지원할 수 있는 교육정책도 필요하다.

탈북 청소년의 숫자가 증가하면서 이들에 대한 관심과 지원이 양적으로나 질적으로 증가하고 있는 것은 사실이다. 그러나 한국 사회에서 탈북 청소년에 대한 정책 및 지원은 사회 통합과 다가올 통일에 대한 준비라고 생각해 이를 국가적 당면 과제로 삼아 더 체계적으로 진행될 필요가 있다.

탈북 학생이 겪는 상황

북한에서 온 탈북 청소년은 사용하는 언어는 같아도 교육과정과 수업 방식, 학력 측정 등 교육제도가 다르고 일상적으로 사용하는 외래어 때문에 남한 학교 적응에 어려움을 겪는다. 그뿐만 아니라 탈북 과정에서 생긴 교육 공백으로 남한 학교 편입 후 대다수의 학생이 학업을 따라 가는 것을 힘들어 한다. 강의식 수업 방식에 익숙한 탈북자 학생들이 프로젝트나 모둠 활동이 많은 남한 교육과정에 적응하기도 쉽지 않다.

이렇게 학업에 적응하는 것도 많이 힘들지만 이보다 더 힘든 것은 또래 관계이다. 많은 탈북 학생들이 보통 3~4살, 많게는 6살까지 어린 학생들과 생활한다. 자기보다 어린 학생들과 함께 공부를 하다 보니 자존심이 상하는 일이 빈번하다. 말투나 억양이 다르기 때문에 놀림을 당하기도 일쑤다. 특히 청소년 사이에서 인터넷과 모바일 사용이 급증하면서 컴퓨터 용어나 채팅 용어에 익숙하지 않은 탈북자 학생들은 사이버 세계에서마저 따돌림을 당한다.

이러한 환경 때문에 대다수의 탈북자 학생은 자신의 신분을 노출하는 것을 꺼려한다. 북한 출신임을 알리게 되는 경우도 그나마 교사의 소개에 의해서이지 직접 하는 경우는 드물다. 결국 "자신 숨기기'를 위해 말을 아끼게 되면서 친구 사귀는 데 심리적 스트레스를 받게 되고 따라서 마음을 터놓을 수 있는 친구를 사귀는 데 어려움을 느끼고… 이것이 심하면 때로는 친구들이 자신을 잘 이해하지 못

[북한 출신 공개 여부]

북한 출신 공개 여부

아무 거리낌이 없이 밝힘 16.1%	일부러 밝히려고 하지는 않지만, 사람들이 알아도 별 거리낌은 없음 38.2%	굳이 밝혀야 하는 상황에서는 밝히지만, 가급적 밝히지 않음 28.0%	절대 밝히지 않음 17.8%

출신 비공개 이유

(상위 3순위)

굳이 밝힐 필요가 없다고 생각해서	68.8%
차별 대우를 받을까 봐	10.9%
북한에서 왔다는 이유로 호기심을 갖는 게 싫어서	8.3%

출처: 남북하나재단 (2020). 탈북 청소년 실태 조사.

하고 차별을 하게 될 때 분노를 느끼고 폭력적이 되기도 한다. 초등
학생들은 대개 만족스럽게 다니지만 고학년으로 올라갈수록 어려움
을 겪게 된다."[1]

위의 표에서 볼 수 있듯이 탈북 청소년들이 북한 출신임을 밝히지
않는다고 대답한 비율이 45.8%에 달할 정도로 높다. 자신의 출신 배
경을 밝히지 않는 이유로는 '밝힐 필요가 없다고 생각해서'라고 대
답한 청소년이 68.8%이고, '차별 대우를 받을까 봐'라고 답변한 청
소년이 10.9%였다.[2]

이와 같이 탈북 청소년의 절반 가까이가 자신의 출신 배경을 밝히
는 것에 대해 부정적으로 생각하며, 그 이유로 차별 대우를 받을 것에

---

1   서덕희 (2013). '이주민 집단에 따른 이주 배경 학생의 학교생활: 공통점과 차이점에 대한 메
     타분석을 중심으로', 다문화교육연구, 6(2), 23-58. 42쪽.

2   남북하나재단, 2020 탈북 청소년 실태 조사(2020).

대한 두려움을 이야기한다는 것은 탈북 청소년들이 한국 사회에서 소수자로 차별 받는 상황이 아직까지도 존재한다고 해석할 수 있다.

건강한 교우 관계 형성을 위해서는 교사의 도움이 중요한데, 이 또한 쉽지 않다. 많은 탈북 학생이 탈출 과정에서 주변 사람들의 밀고와 사기를 경험한 적이 많아 사람을 쉽게 믿지 못하고 스스로를 고립시키는 경향이 심하다. 그래서 교사에게도 솔직하게 상황을 털어놓지 못한다. 다음의 탈북 학생의 고백은 이러한 어려움을 생생하게 보여 준다:

> "선생님들은 도와주려고 하는데 제가 살아온 영향 때문이랄까? 마음의 문을 딱 닫아가지고 자신을 쉽게 표현 안 하는 그런 것 때문에 힘들었던 것 같아요. '이 사람들이 내가 이야기해서 그걸 이해해 줄지, 이해해 줄 사람이 별로 없을 거다'라는 생각 때문에 그랬던 것 같아요. 그게 습관화된 것 같아요. 중국에서도 저는 혼자 사는 경우도 많았거든요. 쉽게 나의 마음을 말했다가 배신당하는 일도 많았고, 그런 것 때문에 쉽게 사람에게 접근 안 하려고 하는…."[3]

그럼에도 불구하고 많은 탈북 학생들을 인터뷰 한 결과, 학생들이 남한에 와서 가장 신뢰하는 어른은 바로 '교사'이다. 따라서 교사의 영향력은 그 누구보다도 중요하다고 할 수 있다. 교사의 열의가 높

---

3 이수연 (2008). 새터민 청소년의 학교적응에 관한 질적 분석. 청소년학연구, 15(1), pp. 81-113, 97쪽.

을수록 탈북 학생의 학교 만족도가 향상되며, 건강한 교사와의 관계 형성을 통해 아이들은 학업에 대한 도움을 받을 뿐만 아니라 인생 전반에 대한 고민 상담도 할 수 있다.

한 연구에 따르면 "탈북 청소년이 안정적인 자존감을 바탕으로 자신의 출신배경을 스스로 드러내는 경우 의미 있는 또래 관계를 형성할 수 있다"는 결과가 나왔다. 교사가 탈북 학생을 도와 자신의 배경을 신뢰할 수 있는 소수의 친구들에게라도 솔직하게 털어놓을 수 있도록 지도하는 것이 중요하다.[4]

탈북 학생의 학교폭력 실태

이렇게 탈출 과정에서 상당한 정신적 신체적 고통을 경험한 탈북 학생이 남한 학교에 적응하는 과정에서 겪는 심각한 학습부진과 또래 집단과의 갈등은 때로는 폭력성으로 나타나기도 하는데, 탈북 학생은 학교폭력의 피해자인 경우가 대부분이다.

경기도 소재 특성화 중고등학교에 재학 중인 탈북 학생 142명을 대상으로 한 '탈북 청소년들의 학교폭력에 대한 인식'에 대한 연구에 따르면, 탈북 학생들은 '끼워 주지 않는 것(먼저 말 걸지 않는 것)'과 같은 소극적 차별부터 '노골적인 따돌림'의 적극적 폭력까지 모두

---

4   최성훈 (2016). 탈북 청소년의 인성교육과 교사의 다문화역량. 기독교교육정보, 48, 265-293. 284쪽.

학교폭력으로 인식하는 것으로 드러났다.[5] 그중에서도 좋지 않은 소문을 내거나 모욕적인 언행을 하는 것, 즉 언어폭력에 대해 가장 민감한 반응을 보였다. 이와 관련하여 탈북 청소년 교육 지원 센터 전문가는 다음과 같이 분석하였다:

> "탈북 학생들 가운데 잘 적응하는 아이들도 있지만 그렇지 못한 아이들 중에는 폭력적인 경우가 많습니다. 교내 폭력에 연루돼 징계를 받는 사례도 있습니다. 폭력의 원인은 탈북해 한국에 오는 과정 자체가 좌절스럽기도 하고 고통을 수반한 경우가 많아 억눌린 감정이 표출되는 것일 수도 있고 북한에서의 교육이나 북한 사회가 남한 사회에 비해 폭력에 대해 관대한 측면도 있을 것입니다. 또 이 청소년들이 남한 사회에 와서 폭력은 피해야 한다는 것을 제대로 배울 기회가 없었을 수도 있습니다."[6]

대다수의 학생이 교사가 학교폭력에 개입해 주기를 바란다고 답변하였는데, 이와 관련하여 여학생과 남학생의 답변이 상이했다. 여학생은 '좋지 않은 소문을 내거나 모욕적인 언행을 하는 것'에서부터 교사가 적극적으로 개입해 줄 것을 요청한 반면, 남학생들은 이보다 좀 더 약한 정도의 언어폭력인 '듣기 싫은 별명을 부르는 것'에

---

5   은지현, & 조영하. (2015). 탈북청소년들의 학교폭력에 대한 인식 경향 연구. 한국청소년연구, 26(1), 51-77.

6   위의 논문 p. 66에서 재인용.

서부터 개입해 줄 것을 더 많이 요청했다. 하지만 일부 학생은 신체적 폭력이 아니라면 교사의 적극적인 개입을 원치 않는 사례도 있었다.

이러한 결과는 소수의 탈북 학생의 경우 교사의 도움보다는 스스로 학교폭력 문제를 해결하려는 의지가 강하다는 것을 시사한다. 예컨대, 탈북 중학생의 경우 '좋지 않은 소문을 내거나 모욕적인 언행을 하는 것'과 같은 언어폭력에 교사의 개입이 필요하다고 답한 학생은 30%로 나타나는 반면 '때리고 발로 차는 것'과 같은 신체적 폭력에 교사의 개입이 필요하다고 답한 학생은 8%로 차이가 났다. 탈북 고등학생의 경우에는 언어폭력의 경우 21.1%, 신체적 폭력의 경우 6.7%를 경험했다고 답했다.

다음과 같은 사례는 외모나 말투 차이에 의한 즉 생득적 특성에 의해 탈북 학생을 차별하고 따돌리는 극단적인 학교폭력 사례를 보여준다.

"지난 2010년 탈북에 성공해 어머니와 함께 한국으로 들어온 김군에게 악몽이 시작된 건 일반고등학교에 입학하면서부터다. 남쪽에서 새로운 친구들과 선생님을 만날 기대에 부풀었던 김군은 입학식 날부터 끔찍한 경험을 하기 시작했다. 바로 동급생들의 집단 따돌림이 시작된 것이다. 같은 학년 학생보다 많은 김군의 나이와 북한 말투, 어수룩한 모습 등은 곧 따돌림의 원인이 됐다."[7]

---

7   머니투데이, '목숨 걸고 넘어왔지만, 학교폭력 표적되는 탈북 청소년들', 2012년 2월 23일.

"중학생인 A(14)군은 전학 와서 '북에서 왔다'고 자신을 소개하자 또래들이 돌변해 '넌 누구 편이냐', '북에서 온 ××'라며 놀림을 당해 정신과치료 받게 됐다. 또 초등학생인 B(13)군 역시 자신의 생일 파티에 친구들을 집으로 초대했는데 한국 음식을 할 줄 모르는 B군의 어머니가 만두 등 북한 음식을 정성스럽게 차려준 것이 화근이 되어 '북한 사람들은 인육(人肉)을 먹는다는데 너도 먹어 봤냐'는 충격적인 말을 들은 후 아예 입을 다물고 친구들을 피해 다닌다."[8]

위의 사례에서 보이다시피 탈북 학생에 대한 언어적 신체적 폭력은 탈북 학생이 가지고 있는 생득적 특성에 기반하고 있는 것이기 때문에 그 충격은 더 클 수밖에 없다.

대부분의 탈북 학생이 탈출 과정에서 죽음을 넘나드는 엄청난 심리적 충격과 가정의 해체 및 사랑하는 가족과의 이별을 경험한 불안한 상태에서 남한에 입국한다. 이 트라우마를 극복할 충분한 시간도 없이 남한 학교에서 맞닥뜨리게 되는 차별과 공격의 무게는 가히 상상을 초월할 만큼 아프고 무거운 것이다. 그나마 "부모가 자녀의 학교생활에 적극적으로 참여할 경우 안정적인 생활을 하지만, 그렇지 않을 경우에는 상당수가 ADHD 증후군이 나타나거나 또래 괴롭힘

https://news.mt.co.kr/mtview.php?no=2012022308058234872&outlink=1&ref=http%3A%2F%2Fsearch.naver.com

8 충청투데이, '학교폭력에 노출된 탈북 청소년에게 관심을', 2016년 1월 27일.
http://www.cctoday.co.kr/news/articleView.html?idxno=953442

이나 따돌림 등에 노출되면서 정체성 혼란이 큰 것으로 밝혀졌다."[9]

탈북 학생의 부모도 남한에 와서 적응하고 경제적으로 안정이 되기까지는 상당한 시간이 소요되기에 학교에서의 자녀의 어려움에 대해 자세히 알고 알맞은 도움을 교사나 학교에 요청할 수 있는 경우도 드물다. 탈북 학생의 학교폭력 피해 경험을 이해하는 데 있어서 "피해 경험이 학교라는 공간에서 갑자기 일어난 것이 아니라 가정에서부터 오랫동안 지속적으로 이어져 왔다는 것"을 인지하며, 이들의 "학교폭력 피해 경험의 과정을 가정, 학교, 사회라는 맥락 안에서" 총체적으로 분석하는 것이 중요할 수밖에 없다.[10]

따라서 정부 차원에서 탈북 청소년을 위해 제공하는 거시적인 제도나 정책 프로그램보다 이들을 둘러싼 여러 가지 사회적 맥락(부모, 교사, 형제, 친구 관계)에 대한 이해에 기반한 심리, 정서적 지원이 필요하다.

탈북 학생이 처한 문제

탈북 청소년들은 북한에서의 생활과 탈북 과정에서의 경험 등으로 인해 심리적 상처와 트라우마를 지니고 있는 경우가 많이 있다.

---

9 조현정 (2019). 제3국 출생 북한이탈주민 자녀의 학교폭력 피해 경험에 대한 내러티브 탐구, 교육인류학연구, 22(4), 119-149. 126쪽.

10 위의 논문.

이런 심리적 어려움은 외부로 잘 드러나지 않지만, 한국 사회와 학교에 적응하는 데 장애로 작용한다. 이러한 면에서 탈북 청소년에 대한 심리상담 지원은 인권 보장의 측면과 역량 지원의 측면을 모두 아우르는 정책으로 볼 수 있다.

북한은 국민의 거주 이전의 자유가 허용되지 않고 출신 성분에 따라 사회적 활동이 제한되는 사회로 자신의 의견과 사유를 표현할 수 있는 자유가 제한된다. 어렵게 중국으로 탈북을 했다하더라도 무국적자인 탈북민과 탈북민 자녀들은 자신의 욕구와 필요에 따라 자유롭고 합리적으로 자신의 삶을 선택하기 어렵다.

이런 환경에서 사회화된 탈북 청소년들에게 남한 사회에서 다양한 교육 서비스와 프로그램이 주어지는지도 의문이지만 자신이 진정 원하는 것을 선택을 할 기회와 자유를 충분히 사용할 수 있는지, 그리고 그 과정에서 행복감을 느끼는지 역시 문제이다.

또한 탈북 청소년들도 한국의 청소년들과 동일한 잣대로 평가받고 학업 성취가 최대 목표가 되어 버린 현실에서, 과연 자신들이 가장 좋아하고 잘할 수 있는 것이 무엇인지 모색하는 사회적인 역량을 배울 여유가 있는지 반문할 수밖에 없다. 자신이 선택할 수 있는 권리가 있고 자유를 추구할 수 있다는 것을 자각하고, 개인에게 부여된 자유를 지혜롭게 민주사회의 일원으로서 사용할 수 있도록 돕는 노력은 비단 탈북 청소년뿐만 아니라 바쁘고 빡빡한 일상을 살아가는 이 땅의 모든 청소년들에게 필요하다.

통일에 대한 세대 간 인식 차이

앞에서 언급한 다양한 사례에서도 보았듯이 많은 탈북 청소년이 생사를 넘나드는 모험을 통해 남한에 왔지만 남한 학교와 사회에 적응하기가 결코 쉬운 일이 아니라는 것을 깨닫게 되는 데 그리 오래 걸리지 않는다. 한국 정부 및 다양한 사회단체들이 다양한 제도적 장치 및 프로그램을 통해 탈북 청소년을 돕고 있지만 이들을 향한 사회적 편견 및 부정적인 인식은 쉽게 나아지지 않고 있다.

그도 그럴 것이 탈북 청소년 및 청년과 함께 생활하고 공부하는 남한의 청소년도 경쟁으로 점철된 팍팍하고 행복감을 느끼기 어려운 환경에 처해 있기 때문이다. 게다가 젊은 세대의 북한에 대한 부정적인 인식 및 통일의 필요성에 대한 부정적인 생각이 탈북 학생에 대한 선입견으로 작용한다. 그래서 탈북 청소년에 대한 학교폭력을 이해하는 데 있어서 남한 청소년과 청년들의 북한과 통일에 대한 인식을 살펴보는 것은 중요한 과제라 할 수 있다.

한국 사회에서 통일의식의 세대 간 차이와 갈등은 6.25 전쟁, 민주화과정, 산업화 과정과 IT기술의 발전 등의 급격한 사회 변동과 분단이라는 한국적 특수성으로 인해 다면적이고 복합적인 양상을 나타낸다.

2018년 초부터 평창올림픽, 남북정상회담, 북미정상회담 등 그 어느 때보다도 남북 관계의 진전과 개선을 위한 움직임이 활발했다. 그런데 이런 사건들에 대한 세대별 정서적 반응은 상이하게 나타났다. 남북 정상의 부둥켜안은 장면에서 '역사적인 순간'이라며 눈물을 흘린 '86세대'가 있는 반면, 생경하고 부자연스럽게 느껴진다는 20대 청년도 있었다. 한국 사회에서 각 세대가 경험해 온 시간적, 역사적 사건들은 직간접적으로 통일과 분단 갈등 문제에 대한 세대별 정서적 반응에 영향을 미쳐왔다.

20대의 경우 이들이 가치체계를 형성하는 청소년기에 경험한 북한 관련 사건은 1999년과 2002년 서해해전, 2008년 금강산 방문객 피격사건, 2010년 천안함 폭침과 연평도 포격 사건, 2006년~2017년 사이 6차례의 북한 핵 실험과 미사일 실험 등 대부분 부정적인 것이었다.

또한 1998년~2008년 그리고 최근의 남북 교류 협력과 대북 포용 정책의 적극적인 노력과 시도에도 불구하고 2011년 말 김정일 사망 이후 권력 승계 과정에서 빈발한 인권 이슈와 이후 김정은 정권에서도 지속된 북한의 핵개발과 핵도발 등은 청소년과 청년들에게 북한과 통일에 대한 회의론과 부정적 정서를 불러일으키는 또 다른 트라우마 요인으로 작용했을 가능성이 크다.

이를 반영하듯 통일부가 2017년에 조사한 초·중·고등학생의 통일의식 조사에서 통일의 필요성에 대해 공감하는 비율이 초등학생이 74.4%, 중학생이 59.6%, 고등학생이 50.2%로 학년이 올라갈수록 공감하는 학생 수가 줄어드는 것으로 나타났다.

서울대학교 통일평화연구원에서는 2007년부터 매년마다 통일과 관련한 국민들의 인식과 태도, 지향이 해마다 어떻게 달라지는지 경

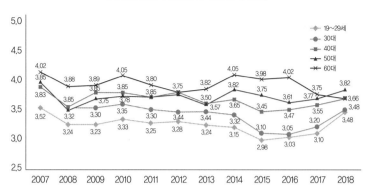

[세대별 통일의 필요성에 대한 인식 변화]

출처: 김희정, 김선 (2018). 세대별 통일 의식과 통일 교육: 통일 의식 조사를 중심으로. 인문사회 21, 9(6), 1643-1654. 1646쪽.

향과 흐름을 분석해 왔다. 세대 간 통일 인식 차이를 살펴보기 위해 "남북한 통일이 얼마나 필요하다고 생각하십니까?"라는 질문에 필요성의 정도에 따라 1점에서 5점으로 응답을 받았는데, 세대별 인식 차이는 12년간 지속적으로 존재했다. 구체적으로 12년간의 추이를 살펴보면 2007년 이후 늘 높은 점수를 기록했던 60대 수치가 2018년 에는 50대보다 하락하였다. 20대의 경우 2007년 이후 지속적으로 낮은 수치를 보였으나 2018년 상승된 변화가 두드러진다.

세대별 분단 상황의 갈등을 인식과 정서적 반응 차원에서 고찰하기 위해, 북한의 핵무기 보유에 대한 위협감을 조사한 바에 따르면, 북한의 핵무기 보유에 대한 위협감은 2017년 전 연령대에서 80% 이상 나타났으나, 2018년에는 소폭 줄어들었다. 그러나 여전히 전 연령대에서 70% 이상이 위협을 느낀다고 보고하였고, 특히 20대와 60대는 80% 이상이 여전히 위협을 느낀다고 응답하여 2018년 이후 남북 화해의 분위기 속에서도 많은 청년들이 북한에 대한 정서적 불안을 느끼고 있음을 보여 준다.

이러한 결과를 보면 20대는 이념이 아닌 자신에게 이득이 되는가 하는 실용주의적 관점에서 남북 관계를 바라보는 '자발적 안보 보수화 현상'이 나타나는 것을 알 수 있다. 즉, 20대가 청소년기 목격한 IMF 금융위기와 같은 부정적 사회 현상과 남북 관계로부터 촉발되는 부정적 정서는 20대의 안보 보수화 현상과 무관하지 않다.

이중적인 북한관

'통일은 반드시 해야만 하는 것인가? 그렇다면 왜 해야 하는가?'

이러한 근본적인 질문에 대한 대답 역시 세대 별로 상이한 것으로 서울대학교 통일평화연구원의 통일의식조사를 통해 드러난다. 세대별 통일의 이유를 살펴본 〈연령대별 통일의 이유〉 그래프에서 20~30대는 '남북 전쟁 위협 해소'와 '같은 민족'이 근사한 비율로 나타났으며, 40대 이후에서는 '같은 민족'이 47% 이상으로 가장 높고 '전쟁 위협 해소'는 20%대로 나타났다. 이 결과는 앞서 살펴본 바와 같이 20대가 북한의 핵무기 보유에 강한 위협을 느낀다는 사실과 일맥상통한다. 즉, 20대의 남북 관계의 물리적 충돌과 전쟁에 대한 불안이 다른 세대에 비해 높다는 것이다.

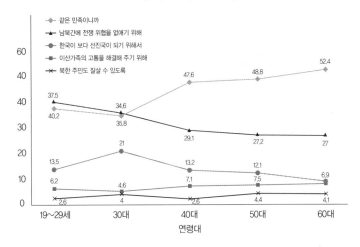

[연령대별 통일의 이유]

- 같은 민족이니까
- 남북간에 전쟁 위협을 없애기 위해
- 한국이 보다 선진국이 되기 위해서
- 이산가족의 고통을 해결해 주기 위해
- 북한 주민도 잘살 수 있도록

출처: 김희정, 김선 (2018). 세대별 통일의식과 통일 교육: 통일 의식 조사를 중심으로. 인문사회 21, 9(6), 1643-1654. 1650쪽.

위의 통일 의식 조사는 20대가 가지는 이중적인 가치관을 보여 준다고 할 수 있다. 왜냐하면 20대 이하 청년과 청소년들이야 말로 '평화'와 '인권'에 의거한 보편적인 가치 때문에 한반도에서 통일과 통합을 이루어야 한다는 통일 교육을 받은 세대이기 때문이다.

분단 이후 우리나라는 정부 주도의 통일 교육을 지속하여 왔다. 이승만 정부의 북진 무력 통일을 위시한 방공ㆍ반공 교육을 시작으로 1980년대까지는 대부분 강력한 안보 교육으로 국가 건설에 대한 중시와 함께 남북 체제 경쟁 속 학생과 시민에 대한 반공 교육을 시행하였다.

남북한 통일을 중점으로 한 통일 교육이 본격적으로 등장하기 시작한 것은 1989년 한민족공동체통일방안이 발표된 노태우 정권부터라 볼 수 있다.[11] 이후 남북정상회담의 성사와 남북 관계의 완화, 금강산 관광과 개성공단 시행, 그리고 1990년대 이후 북한 이탈 주민의 증가 등에 따라 통일 교육은 통합의 관점으로 발전 및 확장되는 경향을 보였다. 5차 교육과정 개편에서 '민주적 평화통일'에 대한 목적이 초등 도덕과 교육과정에 명시된 것처럼 평화와 인권 담론을 기반으로 한 민주 시민 교육과 통일 교육은 깊은 연관을 가지며 발전했다.

그런데 '평화'의 추구를 통한 민주사회 및 분단 상황의 극복이라는 보편적 가치에 근거한 교육을 받아 온 세대가 북핵 위협 및 전쟁 가능성을 포함한 북한의 무력 도발 가능성에 대해 가장 민감하다는 모순적인 결과가 나왔다. 이는 "북한을 통일을 위한 화해 협력의 대상과 동시에 경계의 대상이라고 규정하고 있는 우리 사회의 이중적 북한관"을 드러내는 것이라 볼 수 있는 부분이다.[12]

다시 말해 아무리 우리의 청소년과 청년들이 '인권', '평화', '정의'와 같은 보편 가치 담론에 의거한 통일 및 통합을 추구하는 교육을 받는다고 하더라도, 남북한 군사적 위기상황 같은 정치적 이슈에 따라 그 입장이 유동적으로 변화할 수밖에 없음을 시사한다. 또한 이들 세대의 북한에 대한 인식과 이해는 남북 관계 및 국내 정치적 상황에 따라 "그 기조와 내용이 달라지는 종속 변수가 될 수밖에 없

---

11 이범웅 (2013). 학교 통일 교육의 실태 분석을 통한 개선 방안에 관한 일고. 도덕윤리과교육, No.40, 105-140.

12 변종헌 (2015). 북한인권 문제와 남북한 통일의 상호작용. 윤리연구, 103, 59-82. 70쪽.

다"는 한계를 드러내는 지점이기도 하다.[13]

이질성의 극복

인권, 평화, 정의 같은 추상적이고 인류 보편적인 개념들에 의거한 통일 당위성에 대한 설명이 불충분하다면, 그럼 과연 통일이 가져다줄 개인적 사회적 국가적 이익에 바탕을 두고 통일의 필요성에 대해 설명하는 실용주의적 접근은 청소년과 청년들에게 효과가 있을까? 실용주의적 통일담론은 대체로 분단 비용, 통일 비용과 같은 분단과 통일에서 나타나는 비용의 측면과 통일편익, 즉 통일을 달성함으로서 취득할 수 있는 경제적 · 비경제적 이익을 수치화한 분석을 통해 논의하는 담론이다.

통일 비용과 관련한 논의는 일찍이 사회주의 국가가 몰락하고 독일이 통일을 경험한 1990년대 초반부터 제기되었다.[14] 독일의 경제 통합 모델을 선행 학습하고 이들의 노동생산성, 임금제, 화폐가치 등에서 나타나는 동서독 간의 차이를 계산하고, 이들이 통합되는 과정에서 발생하는 통일 비용을 추계하는 다양한 연구 결과가 발표되면서 천문학적인 통일 비용에 대한 논의를 촉발했다.

하지만 독일 통일 경험에서 많은 연구자들이 공통적으로 지적했

---

13   조정아 (2007). 통일 교육의 쟁점과 과제. 통일정책연구, 16(2), 285-306. 292쪽.

14   권영경 (2010). 기존 통일비용 담론의 문제점과 새로운 접근시각. 평화학연구, 11(4), 149-70.

던 가장 큰 문제점은 경제적인 문제가 아니라 바로 '정신적인 통일'이었다.[15] 여기서 말하는 '정신 통일'이란 비단 한민족이라는 단순한 심리적인 통합뿐만 아니라, 세계와 국가, 국민, 그리고 사회를 바라보는 총체적인 '세계관(Weltanschauung)'의 연합과 소통을 의미한다. 즉, 통일 코리아의 비전을 논의하고 대안을 모색하는 데 있어서 돈의 문제보다 "새로운 국가 정체성을 형성"하는 작업이 훨씬 더 근본적이며 필수적인 작업이라는 것이다.[16]

하나의 문화와 역사를 공유했던 한민족이 제2차 세계대전 이후 세계의 패권을 가졌던 미국과 소련에 의해 남북으로 나뉘고, 이질적인 미국과 소련의 이데올로기를 국가 체제에 수용하게 되었으며, 교육은 이데올로기 흡수를 위한 가장 효과적인 통로가 되었다. 따라서 자라나는 학생들에게 통일의 비용과 이득을 설명하기에 앞서 하나의 민족과 국가가 남북한 두 개의 상이한 체제로 나뉘고 현재까지 발전하면서 생기게 된 근본적인 차이점을 설명하고 남북 상호간에 폭넓은 이해와 이질성의 극복에 대한 논의가 선행되어야 함을 알 수 있다.

통일이 되어야 할 이유는 각기 다른 사회 구성원에 따라 다양하게 인식된다. 누군가에겐 헤어진 가족을 만나기 위함이고 누군가에겐 북한은 기회의 땅이기 때문이고, 또 누군가에겐 삶의 위협을 제거

---

15 김상무 (2009). 통일독일 학교교육의 내적통일문제 인식에 관한 연구. 한국교육학연구, 15(3), pp. 35-57.

16 김병로 (2015). 통일코리아의 미래기획: 비전, 현실, 대안. 통일문제연구, 27(1), 1-30. 4쪽.

하고자 하는 것일 수 있다. 통일 담론의 다양성은 민주주의 사회에서 다양한 사람들의 의견이 존재함을 드러내지만, 통일 전후의 사회 통합의 과정에서 발생할 수 있는 갈등과 합의점을 찾기 위해서는 우리의 청소년과 청년들에게 좀 더 설득력 있고 타당한 통일의 당위성 담론을 개발하고, 통일 교육의 방향성을 찾는 것이 중요하다.

사회 통합은 통일 교육에서 지속 가능한 목표이자 핵심 개념인데,[17] 독일 통일 과정에서도 드러난 바와 같이 이질적인 문화 간 사회 통합은 단기간에 이루어지는 것이 아니라 한 세대가 전환되는 긴 시간이 수반되는 과정이기 때문이다.

따라서 통일 교육의 핵심은 결국 사회적 통합을 향해 가야 한다는 것을 의미한다. 이를 위해서 선행되어야 하는 것이 바로 이스라엘과 팔레스타인 사이의 평화교육을 위해 힘썼던 신학자이자 사회학자였던 마르틴 부버(Martin Buber)가 이야기한 '대화적 관계'의 형성이다:

"만약 우리가 서로 간에 대화적 관계를 확립하고자 한다면 적어도 내면적으로나 정치적으로나 대화적 관계를 확립하여야 한다. 개인들 간에 그리고 정당들 간에 대화적 관계가 확립됨으로써 상대 민족과의 위대한 대화적 관계의 확립이 가능해질 것이다. 이러한 공동체를 달성하기 위해 우리는 상호과장, 프로퍼겐더, 민족 속에 숨겨 있는 상호 두

---

17 박성춘, 이슬기 (2016). 다문화시대의 통일 교육. 집문당.

려움 등을 불식시켜야 한다. … 이렇게 되기 위해서는 용기와 자유주의적 비전을 필요로 한다."[18]

마르틴 부버의 평화교육 사상에 의하면 남북 간의 대화적 관계의 형성은 거시적인 차원뿐만 아니라 개인과 개인의 만남으로부터 시작해야 한다는 것을 시사한다. 이런 의미에서 탈북 학생과의 만남과 교류는 남북 간 만남의 창이 될 수 있는 가능성을 내포한다.

결국 북한에 대한 맹목적인 반감이나 두려움, 탈북 학생에 대한 이질성을 극복하며 이들과 대화적 관계를 갖고자 하는 용기를 갖는 것 이것이야 말로 사회적 정신적 통합의 길에 시작점이라 할 수 있겠다. 탈북 학생에 대한 학교폭력을 해결하는 방법도 이로부터 출발해야 함은 당연한 일이다.

독일의 통일 교육

독일의 경우 1990년 10월 3일 동독과 서독이 분단 체제를 끝내고 통일이 되었지만, 이미 1976년부터 교육 지침을 가지고 통일을 준비했다. 1972년 발표된 '동방 정책'은 통일 교육에 대한 체계적인 지침을 마련한 정책이었으나 이 정책에 대해 진보학자와 보수학자들이

---

18 강선보 (2018). 만남의 교육철학. 박영스토리. 201쪽.

생각이 극명하게 갈렸다.

그래서 정치교육의 공통 토대를 마련해야 한다는 인식이 퍼져 1976년 서독의 보수와 진보를 망라한 교육자, 정치가, 연구자 등이 독일의 소도시 보이텔스바흐에 모여 교육 지침을 정립했다. 이렇게 해서 만들어진 것이 바로 보이텔스바흐 협약이다.

이 협약은 다음 세 가지 원칙을 골자로 한다.

첫째, 교사가 학생들을 교화 등을 통해 압도하지 말고 그들의 독립적 사고를 방해하지 말 것(Prohibition against Overwhelming the Pupil).

둘째, 사회에서 논쟁적인 주제는 교실에서도 논쟁에 맡길 것(Treating Controversial Subjects as Controversial)!

셋째, 학생들 개인의 관심사에 따라 정치상황을 분석하고 평가하는 것을 존중하며 일치된 합의를 종용하지 말 것(Giving Weight to the Personal Interests of Pupils).

보이텔스바흐 협약에서 보이는 것처럼 독일의 통일 교육은 정치 교육을 중심으로 이루어졌고, 학생들로 하여금 첨예하게 대립되는 정치적인 문제에 대해 토론을 할 수 있는 '올바른 방법'을 가르치는 데 주안점을 두고 있다.

동서독이 통일을 이뤄 낸 지금까지도 이러한 전통은 그대로 이어져서 민주 시민 교육에 영향을 끼치고 있다. 독일의 민주 시민 교육은 유럽 정세와 정치의 핵심적인 이슈들과 연결시켜 참여자들이 다

양한 주제를 거시적인 담론 안에 분석할 수 있는 기회를 제공한다는 것이다.

독일이 정부 주도의 통일 교육 패러다임에서 벗어나 성인교육 기관과 정당, 정치 조직이 민주 시민 교육, 정치교육, 세계시민교육과 긴밀하게 연결된 통일 교육을 제공했다는 점에서 우리에게 시사하는 바가 많다.

우리나라에서 통일 교육이 그동안 서로 다른 구성원들이 가지고 있는 사회, 문화적 가치관의 차이를 인정하고 상호 '다름'을 인정하는 자세와 관용의 정신 등 인지적 해결 방법을 찾고 그 과정에서 발생하는 문제를 조율하는 타협의 '기술'을 가르치는 교육을 간과해 온 것이 사실이다.

따라서 세대별로 다른 경험과 인식의 격차로 인한 갈등, 북한에 대한 부정적인 인식이 평화를 위해 나아가는 걸림돌이 되지 않도록 정치, 경제 문화 등 뿐 아니라 학교 및 사회 교육 현장에서 각 세대가 갖는 핵심 정서를 확인하고 이에 대한 중재 프로그램, 지역 공동체 운동, 토론 프로그램 등의 개발과 다양하고 실험적 시도가 필요하다.

통일 교육, 어떻게 해야 할까?

우리 청소년들은 통일을 이끌어 가는 주역인 동시에 통일에 따른 이익을 누리고 이에 대한 비용과 책임도 감당해야 될 세대이기에 통일에 대한 지식을 주입하기보다 통일 시대를 살아가는 힘을 기르는 교육을 하는 것이 무엇보다 중요하다. 이러한 마음의 힘을 기르기 위해 가장 시급하게 해결해야 할 교육적 과제는 무엇보다 우리 사회와 우리 교육이 다양성과 다면적 사고를 배양하도록 학생들에게 여유와 기회를 주어야 한다는 것이다.

지금까지 우리나라에서 실시한 평가의 성격은 객관식 위주의 표준화된 시험이 지배적이었으며, 이를 위해 학생들이 지식을 습득하는 방식이 교사로부터 일방향으로 전달되는 주입식 수업이 학습의 주류 모델이었다. 이와 같은 교육적 상황은 '지식'을 단일적이고 피상적으로 인식하게 할 수밖에 없고, 통일과 북한에 대한 '지식' 또한 같은 방식으로 수용할 수밖에 없다.

남한의 청소년과 청년들이 북한에 대한 민족의식이 점차 약화되어가고 타자로 인식하는 수가 증가하는 현 시점에서, 통일과 사회통합에 대한 기존의 민족주의, 통일편익, 보편적 가치 중심적 접근법에서 벗어나 같음과 다름의 인정, 혹은 보편성과 특수성의 조화 등을 인정하는 데서 새롭게 시작해야 한다.

　통일에 대한 인식은 학생마다 다르다. 통일을 단순한 교류 혹은 개방으로 인식하는 학생도 있을 수 있고, 이보다 한걸음 더 나아간 경제적 사회적 통합으로 인식하는 학생도 있을 수 있다. 다시 말하면, 통일에 대한 상이한 인식을 '상상력'의 확장을 통해 새롭고 다른 차원으로 만드는 것이 통일에 대한 '이론'과 '실천'을 합치시키는 방안이라고 생각한다.

　통일은 남북한 구성원 모두에게 혁명적인 사건이 될 것이라는 것은 재론의 여지가 없다. 하지만, 통일이 우리가 가진 자유민주주의와 국민주권주의라는 가치에 어떤 영향을 주는지 그리고 통일이 우리가 가진 가치를 학교와 사회 현장에서 구체적으로 실천 될 수 있는 중요한 기회(window of opportunity)가 될 수 있는지 등 통일이 우리가 추구하는 이념에 끼칠 실제적인 영향에 대한 의견을 자유롭게 교류하는 장이 마련되지 않는 한 통일과 남북 교류는 학생들에게 먼 미래가 될 수밖에 없다.

　결국, 거시적인 평가의 패러다임과 입시 위주의 교육 문화 등을 바탕으로 논의와 논쟁이 없는 '단면적인 사고'를 조장하는 우리 교육의 패러다임에 대한 재고 없이는 다음 세대에 대한 통일 교육의 발전도 쉽지 않을 것이다.

통일은 우리가 가보지 않은 미지의 세계이다. 통일이라는 미지의 세계는 교육자들뿐 아니라 학생들에게도 다양한 상상력과 창의성을 가능하게 한다. 이를 위해서는 교과서의 내용적인 변화뿐만 아니라 교육 방식과 평가의 변화도 함께 이루어져야 하며, 이를 가능케 하는 거시적인 틀에서의 교육 환경 변화가 필수적이라 하겠다.

* 본 챕터의 상당 부분은 저자가 쓴 학술 논문인 '김선, 김희정, & 임수진. (2017). 통일당위성 담론유형 집단별 특성과 통일 교육적 함의. 교육문화연구, 23(6), 27-48.', '김희정, & 김선. (2018). 세대별 통일 교육의 정서적 접근 방식: 정서조절 방식을 중심으로. 통일인문학, 76, 233-254', '김희정, & 김선. (2018). 세대별 통일 의식과 통일 교육: 통일 의식 조사를 중심으로. 인문사회 21, 9(6), 1643-1654.', '김지수, 김선, & 김희정. (2018). 탈북 청소년 교육정책에 대한 고찰: 토대역량 접근법을 중심으로. 교육사회학연구, 28, 31-55.'에서 발췌 및 편집하였음을 밝혀 둡니다.

7장

세계는 학교폭력에
어떻게 대처하는가?

유럽 - 학교폭력 방지 5원칙

유럽은 유럽연합의회에서 "학교폭력에 반하는 교육"이라는 '결의안 1803'을 발의하고 통과시켰을 정도로 지역 내에서 학교폭력에 관한 관심이 높고, 국가나 지역사회에서 많은 계획(initiatives)을 만들어 실행하고 있다.

'결의안 1803'은 학교폭력을 방지하기 위해 다섯 개의 원칙을 제공한다.[1] 첫 번째는 학교폭력 가해자를 훈육하고 징계하기 위한 법적인 체계와 학교폭력을 조사하고 기록하기 위한 구조 및 방법(mechanism)을 제공하는 영역이다. 특히 행정적인 절차의 중요성을 강조하는데, 학교폭력이 일어났을 때 학부모가 즉각적으로 이에 대한 정보를 받을 수 있는 권리와 피해 학생들의 개인정보 보호에 대한 권리를 보장한다.

두 번째는 적절한 교육과정과 교사 및 직원 대상의 훈련을 통해 학교폭력을 줄이는 학교 차원의 인식 재고 역량 강화이다. 세 번째

---

1   https://assembly.coe.int/nw/xml/XRef/Xref-XML2HTML-en.asp?fileid=17979&lang=en

는 학교폭력을 줄이기 위해 학교 환경을 개선하고 안전을 강화하는 등 각 학교 지역에 전문성을 가진 팀을 조직하여 학교폭력 예방을 위한 보안 및 경계 대책(security measure)을 마련하는 것이다. 네 번째는 학교폭력의 심각성을 알리는 다양한 과외활동과 프로젝트를 만들어서 학생, 교사뿐만 아니라 학부모도 함께할 수 있도록 하는 것이다. 마지막으로 다섯 번째는 학교 밖의 NGO나 지역 전문가와도 연계하여 학교폭력 방지와 근절을 위한 노력을 재고하기 위해 협업하는 것이다.

이렇게 유럽연합 차원에서 제공하는 다섯 가지 원칙은 유럽 안의 각 국가에서 학교폭력을 줄이고자 하는 다양한 노력과 논의에 기반한다고 볼 수 있다. 유럽연합 국가들 중에서도 학교폭력 비율이 세계적으로 제일 낮고 가장 진보적인 정책 및 프로그램을 가지고 있는 국가는 스웨덴과 노르웨이 같은 북유럽 국가들이다.

스웨덴 - 무관용 원칙

스웨덴에서는 피터-폴 하인만(Peter-Paul Heinemann)이라는 의사가 1972년에 출판한 책, 『집단 괴롭힘: 아동과 성인 사이의 패거리 폭력(Mobbning : gruppvåld bland barn och vuxna)』에서 처음으로 집단 괴롭힘(스웨덴어로는 'mobb(n)ing')의 개념이 소개되었다. 이를 계기로 스웨덴에서도 사회적 차원에서 학교폭력에 대한 논의가 촉발되었다.

하인만은 집단 괴롭힘을 인간 생물학에서 기원한 무리(crowding) 본성과 적절한 자극(stimulation)의 부족으로 인한 무리 내 구성원에 대한 집단 폭력의 일종으로 정의했다. 이에 반해 댄 올베우스(Dan Olweus) 교수는 스톡홀름의 학교 학생들을 대상으로 한 연구 결과를 토대로 '무리', '집단'에 초점을 맞춘 하인만의 가설을 비판했다. 올베우스 교수는 1970년 대부터 전 세계에서 처음으로 12세에서 16세 사이의 1,000명의 학생들을 상대로 집단 따돌림에 관한 대규모 연구를 진행했는데, 체계적인(systematic) 집단 따돌림의 이유로 학교나 교실의 환경 혹은 교사의 영향보다 가해자 학생의 공격적인 성향이나 특성이 가장 큰 이유로 작용했다는 것을 밝혀냈다.[2]

이처럼 올베우스 교수는 집단적 차원보다 폭력에 가담한 개개인 학생의 심리적 상태와 특성이 학교폭력을 설명하는 데 더 중요한 요인이 된다고 주장하며, 집단 괴롭힘(bullying)을 자기보다 약한 사람들에게 지속적으로 가하는 공격이라고 정의했다.

이러한 다양한 학문적인 논의가 바탕이 되어 1980년대에 스웨덴에서 처음으로 국가 교육과정에 학교폭력에 대한 개념이 다음과 같이 소개되었다:

"학생들은 학교의 작업 환경을 설계하는 데 적극 참여해야 합니다. 여러 학생 그룹 공동 과제는 소외를 억제하고 따돌림 및 기물 파손 경

---

2   Olweus, Dan (1978). *Aggression in the Schools: Bullies and Whipping Boys*. John Wiley & Sons: New York.

향에 대응하며, 학생들에게 자신감을 높이기 위해 활용됩니다. 협력과 책임을 요구하는 활동은 민주적으로 결정된 합의와 규칙의 중요성을 설명하는 데 결정적인 방법으로 기여합니다.[3]

스웨덴에서는 학교폭력에 대한 개념이 널리 소개되는 한편 학교폭력 근절을 위한 컨설팅 업체들이 만들어지고 다양한 프로그램이 보급되었다. '집단 괴롭힘'의 개념을 만든 선구자격인 댄 올베우스가 교수가 만든 예방 프로그램도 이 시기에 처음 만들어졌으며 이 프로그램이 몇몇 스웨덴 학교에도 도입되기 시작했다.

1990년대와 2000년대 들어서 학교폭력의 개념이 다양한 정책 문서 및 보고서에 반영되기 시작했으며, 민주주의적 가치 기반을 학교에 세우려는 움직임과 연관되어 발전했다. 특히 학교폭력의 개념이 종전에는 개인의 반사회적인 성격적 결함으로 인한 집단 괴롭힘으로 이해되었다면 이제는 더 광범위하게 해석되었다. 학교폭력을 스웨덴이 추구하는 가치 기반(värdegrunden: value foundation)인 '학생 사이의 평등과 학교에서의 민주주의적 분위기'를 저해하는 요소로 해석하는 것이다.

이와 관련해 학교폭력을 전담하는 기구가 국가 차원에서 만들어졌는데 전직 판사 출신의 위원장을 포함해 20명 정도의 전담직원으

---

3   Thornberg, Robert (2019), 'The Juridification of School Bullying in Sweden: The Emerging Struggle between the Scientific-based Pedagogical Discourse and the Legal Discourse', in Junneblad, Johannes (ed.) *Policing Schools: School Violence and the Juridification of Youth*, Springer.

로 구성된 '학생권리보호위원회'이다. 학생권리보호위원회는 정부가 피해 학생을 대신하여 학교 당국을 대상으로 손해배상 청구를 할 수 있게 해 주자는 취지로 2006년 4월에 신설되었는데, 위원회는 인터넷을 통해 들어온 학교폭력 신고 건까지 한 건 한 건 심각하게 검토한다.

스웨덴의 학교폭력에 대한 법률에서 특이한 점은 학교폭력이 어느 경우에서도 허용되서는 안 된다는 '무관용 원칙'을 따른다는 것이다. 스웨덴에서는 이 원칙에 따라 학교폭력 예방의 핵심 주체를 학교로 두고, 학교 차원에서 학생들이 안전하게 학교를 다닐 수 있도록 학교폭력방지계획안을 만들고 실행하게 한다.

그럼에도 불구하고 학교 내에서 폭력이 일어났을 경우 피해 학생은 폭력의 경중에 상관없이 부모이든, 경찰이든, 교사이든 어른에게 즉각 신고를 해야 하고 그 즉시 학교폭력인지 아닌지를 입증할 '책임'은 학생이 아닌 학교로 넘어간다. 무관용 원칙이 빛을 발하는 부분이다.

"학교폭력의 정의는 학생을 대상으로 한 '굴욕적인 대우'라면 무엇이든 포함한다. 피해자가 수치심을 느꼈다면, 그것만으로도 학교 당국이 책임지고 해당 사건에 대해 조사할 의무가 있다 … 만약 해당 학교에서 '우리 학교엔 학교폭력 피해가 전혀 없었다.'라고 입증하지 못했다면, 학교폭력 피해가 인정된다. 그럴 경우 가해자가 아니라 그것을 막지 못한 학교가 더 무거운 책임을 지게 된다."[4] 뿐만 아

4 　SBS 스페셜 제작팀 (2013). 『학교의 눈물』, 프롬북스, 297쪽.

니라 이런 경우 학교가 지불해야 하는 손해배상 금액도 아주 높기 때문에 제도상 학교 차원에서 미리 학교폭력을 예방하는 데 많은 노력을 들일 수밖에 없다.

스웨덴에는 '올베우스,' '프렌즈', '라이온스 크레스트' 등 학교폭력 예방 업무를 도와주는 많은 컨설팅 업체들이 존재한다. 이 업체들은 비영리 목적으로 세워져서 학교로부터 받는 컨설팅 비용과 후원금으로만 운영이 된다. 업체들은 학교라는 관료 조직이 가질 수 없는 창의력을 발휘하여 다양한 활동을 전개하며, 특히 학교폭력 근절을 위한 홍보물이나 광고를 만들어 보급하는 데 큰 역할을 담당하고 있다.

스웨덴의 컨설팅 업체가 만든 학교폭력 관련 광고에는 이런 것들이 있다. 학교 식당에서 혼자 밥을 먹는 아이가 있다. 아이는 투명 인간과 같이 눈에 보이지도 색도 없다. 하지만 누군가 다가와 말을 걸자 투명인간에서 벗어나 자신만의 색을 갖게 된다. 그리고 다른 광고에서는 언어폭력을 당한 아이가 실제 신체적 폭력을 당하는 것처럼 휘청거리고 몸 여기저기 멍이 들기도 한다. 하지만 친구들이 위로의 말을 건네자 다시 힘을 낸다. 또한 학교폭력이 아이들에게 얼마나 큰 고통인지 어른들이 이해하게 하려고 학교를 회사로, 아이를 어른으로 표현한 광고도 있다.[5]

컨설팅 업체에서는 '또래 지킴이' 같은 프로그램을 개발해 학교에

---

5   SBS 스페셜 제작팀 (2013). 『학교의 눈물』, 프롬북스, 300쪽.

서 실행한다. 예컨대, 요청이 들어온 학교에 가서 교직원과 학생들을 상대로 설문 조사를 하여 학교폭력 실태를 파악하고, 전교생을 상대로 학교폭력에 대한 연극을 상연한 다음 이를 바탕으로 학생들이 토론을 하게 하고 학부모와 교직원을 상대로 교육도 한다.

하지만 무엇보다도 스웨덴이 전 세계에서 가장 낮은 학교폭력 비율을 가질 수 있는 비결은 소득 불평등 수준이 전 세계적으로 낮은 평등한 사회 분위기 때문이기도 하지만 무엇보다 학교폭력이 어디서나 일어날 수 있다는 경각심을 가지고 있기 때문이다. 학교장과 교사는 전문가가 만든 프로그램이나 컨설팅에 의존하기보다 자신의 학교에 맞는 학교폭력을 처리할 수 있는 시스템과 과정을 만들기 위해 각고의 노력을 기울인다. 전교생을 상대로 한 학교폭력에 대한 수업이 정기적으로 마련되어 있고, 예방과 근절에 대한 인식을 재고를 위한 활동으로 지속적으로 실천한다.

토론식 교육 방식은 학교폭력을 예방하는 방안으로 주목 받기도 한다. 스웨덴에서는 우리나라에서 '소크라테스 방식'으로 많이 알려져 있는 토론 방식이 보편화되어 있다. 이 토론 방식을 차용해 많은 학교에서 학교폭력이 일어났을 때 학생 사이에서뿐만 아니라 교사 간에도 폭력이 일어난 원인과 과정에 대한 심도 있는 토론을 벌인다.

그뿐만 아니라 공간적인 구성도 학교폭력을 줄일 수 있도록 한다. 예컨대, 쉬는 시간에도 모든 학생들이 교사의 시야에 보일 수 있도록 개방적인 구조로 학교 건물을 설계하여 학생들 사이의 다툼이 커지지 않도록 환경적인 차원에서의 조치를 취하는 학교도 있다.

학교와 교사가 학교 내에서 평등한 분위기를 만들고자 노력하고, 이를 통해 아이들이 가정환경이나 소득 수준에 상관없이 학교 내에서 자존감을 갖게 하는 것이 스웨덴의 비결이 아닌가 싶다.

노르웨이 - 올베우스 학교폭력 예방 프로그램

노르웨이에서도 스웨덴만큼이나 학교폭력에 대한 사회적 관심은 지대하다. 노르웨이에서 학교폭력을 근절하고자 하는 노력이 가장 상징적으로 나타난 것은 바로 '학교폭력 근절 선언(Anti-Bullying Manifesto)'이다. 노르웨이는 2002년에 총리가 나서서 이 선언을 선포했으며, 그 후 모든 학교들은 학교폭력 근절 프로그램에 참여하기 시작했다. 2009년에는 교원 노조와 학부모 연합이 모두 연대하여 이 선언을 채택했는데 그 내용은 다음과 같은 7가지 목표를 담고 있다:[6]

1. 아동과 청소년은 건강과 행복, 그리고 학습을 촉진하는 신체적이고 심리 사회적인 환경을 경험해야 한다.
2. 아동과 청소년은 유치원, 학교 그리고 여가 시간에 참여하고 함께 의사 결정을 할 수 있는 권리를 가지고 있다.
3. 모든 사람들은 아동과 청소년의 가장 좋은 혜택을 주기 위해 좋

---

6 United Nations (2016), Zero Violence Against Children by 2030, p. 28

은 파트너쉽을 맺어야 하며, 부모와 보호자는 이를 위해 함께 의사 결정을 하며 참여를 해야 한다.

4. 성인들은 모든 아동과 청소년이 좋은 양육 및 학습 환경을 갖도록 책임을 져야 한다.

5. 성인은 성인처럼 행동해야 하며 아동과 청소년에게 좋은 역할모델이 되어야 한다.

6. 아동과 청소년에 책임이 있는 모든 사람들은 학교폭력을 예방하고 근절하기 위한 기술을 연마해야 한다.

7. 아동과 청소년과 함께 일하는 모든 사람들은 이들을 위한 가치와 태도를 함양하기 위한 기술을 연마해야 한다.

전 세계적으로 가장 널리 보급된 올베우스 학교폭력 예방 프로그램이 처음에 시작된 곳도 바로 노르웨이이다. 1980년대 중반 올베우스 교수에 의해 착안된 이 프로그램은 장기적인 안목을 가지고 학교폭력을 예방하기 위한 시스템을 만드는 프로그램인데 학교, 개인, 교실, 지역 사회의 4가지 공동체에서 해야 할 일을 명시하고 있는 것이 특징이다.

2001년에 노르웨이 정부는 올베우스 프로그램을 노르웨이 전 지역의 초등학교 및 중학교에 실행하였으며, 호주, 영국, 미국 등지의 17여 개국에도 이 프로그램이 보급되었다. 실제로 미국에서 행해진 조사에 따르면 학생과 학부모 모두 올베우스 프로그램이 학교에서 폭력을 줄이는 데 효과가 있는 것으로 응답했으며, 학생들도 학교와

[올베우스 학교폭력 예방 프로그램]

학교	집단 괴롭힘 방지 협의회 설치 교직원 훈련 설문조사 교사 토론회 집단 괴롭힘 예방을 위한 학교 규칙 제정 및 보급 학교 감독 체계 고찰 학부모 참여 수업
개인	학생 활동 관리 감독 집단 괴롭힘이 일어나는 현장을 발견하는 즉시 개입하기 집단 괴롭힘에 참여한 학생과 그 학부모와 미팅 개인적인 중재 프로그램 및 계획 만들기
수업	집단 괴롭힘에 반하는 학교 차원의 규칙 만들고 집행하기 정기적인 수업 회의 학부모 정기 회의
지역사회	지역사회 사람들을 학교폭력 예방 협의회에 참여시키기 학교 프로그램을 지원하기 위한 지역사회 파트너쉽 만들기 집단 괴롭힘에 반대하는 메시지 및 최선의 관행에 대한 원칙(principles of best practice)를 만들어 보급하기

가정에서 어른들이 학교폭력을 위시한 자신들의 문제에 관심을 더 가져 주고 있다고 응답했다.[7]

---

7 "Success Stories", http://www.olweus.org/public/case_studies.page

핀란드 - 키바 코울루

핀란드에서도 1990년대서부터 학교에서의 집단 괴롭힘이 심각한 사회 문제로 대두되면서 교육부 차원에서 2005년에 학교복지위원회(Committee for School Welfare)를 만들었다. 위원회가 주도가 되어 핀란드의 투르쿠 대학(Turku University)과 함께 학교폭력 방지 프로그램을 만들고 2009년부터 전국적으로 보급 운영하고 있다. 이렇게 해서 탄생한 것이 '키바 코울루(Kiva Koulu)'다.

키바(Kiva)는 '괴롭힘에 맞서다(Kiusaamista vastaan)'라는 뜻의 핀란드어에서 유래되었으며, 코울루(Koulu)는 핀란드어로 학교라는 뜻이다. 키바 프로그램은 각 단위학교를 기반으로 해서 진행이 되는데 현재는 핀란드 종합학교 중 90% 이상이 이 프로그램을 운영할 정도로 널리 활용되고 있으며 벨기에, 칠레, 아일랜드, 뉴질랜드, 스페인, 네덜란드, 영국 등 다른 나라에서도 이 프로그램을 차용하여 운영하고 있다.

키바 프로그램은 전체 학생을 대상으로 하는 일반 프로그램과 피해 학생을 대상으로 하는 특수 프로그램으로 나뉘어 진행되는데, 투르쿠 대학에서 5일 동안 전담 코스를 이수한 담당 교사가 각 학교에 배치되어 담임교사와 연계하여 이 프로그램을 진행한다. 다툼이나 폭력이 지속적으로 반복되게 되면 담임교사는 키바 담당교사에게 이 사실을 알리고 담당 교사는 가해 학생과 피해 학생을 각각 따로 면담을 하여 사건의 진위를 파악한다. 이 시점에서 가장 중요한 원칙은 '절대 아이를 비난하지 않는다'인데 이는 가해 학생에게도 동일하게 적용된다.

이렇게 대화를 통해 아이들의 말을 듣고 사건을 파악하게 되면 담당교사는 피해 학생과 가해 학생을 함께 만나서 1~2주간 키바 특수 프로그램을 진행하게 된다. 이 과정에서 핵심은 가해 학생과 피해 학생이 친밀감을 형성해 서로에게 다가갈 수 있게 하는 장을 마련하는 것이다. 이러한 메커니즘은 대부분의 괴롭힘이 상대방에 대한 이질감, 즉 다른 학생이 나와 혹은 우리와 '다르다'라고 느끼는 순간 일어나는 경우가 많다는 것에서 착안했다.

전체 학생을 대상으로 하는 키바 일반 프로그램에서는 알버트 반두라(Albert Bandura) 교수의 사회적 인지 이론에 근거하여 가해 학생의 심리 상태와 사회적 학습이 어떻게 폭력과 괴롭힘이라는 극단적인 행동을 하게 만드는가에 대해 생각해 보도록 다양한 방법(강의, 동영상, 토론)을 활용한다.

여기서 중요한 것은 가해 학생뿐만 아니라 방관자의 심리와 역할에 대해서도 생각해 보는 시간을 갖게 하는 것이다. 대부분의 학생들은 학교폭력 상황에서 방관자이다. 학교폭력을 줄이기 위해 학생 스스로가 방관자에서 피해자를 도울 수 있는 적극적인 해결사로 정체성을 바꾸도록 도와준다는 관점은 우리나라에도 시사하는 바가 크다.

다양한 활동을 통해 학생들은 남을 괴롭히거나 다투는 행동 대신 다른 대안을 탐색하여 자신의 충동이나 감정을 조정하는 방법을 배

출처: KiVa games: for revision and practicing in school and at home | Ireland (kivaprogram.net).

우게 되며, 이를 통해 공감 능력(empathy), 자기 효능감(self-efficacy)을 키워 나간다. 담임교사는 각 반에서 2~4명 정도 공감 능력이 뛰어나고 인기 있는 아이들에게 피해 학생을 보호하고 돕는 역할을 주어 학급 내 또래 그룹의 분위기를 잡게 하는 등 조기 예방에도 노력을 기울인다. 또한 학교 차원에서도 적어도 3명 이상의 교사와 1명 이상의 직원으로 이루어진 대책 위원회 및 팀을 꾸려서 적극적으로 괴롭힘을 방지하고 예방하는 분위기를 만들어 간다.

키바 프로그램의 또 다른 특징은 컴퓨터 게임을 활용하여 학교폭력 예방 프로그램을 진행한다는 것이다. 컴퓨터 게임은 총 5단계로 이루어졌는데 단계별 3섹션으로 구성되어 아이들이 체계적으로 습득할 수 있도록 했다.

• 첫 번째 I know 단계: 학생들이 기존에 괴롭힘에 대해 가지고 있는 지식을 평가 받고 새로운 정보를 습득하는 단계

- 두 번째 I can 단계: 학생들이 괴롭힘이 벌어지는 상황에서 적절하게 대처할 수 있는 방식을 배우며 새로운 기술을 익히는 단계
- 세 번째 I do 단계: 학생들이 괴롭힘을 방지하기 위해 배운 지식과 기술을 실제 상황에서 활용해보는 단계

컴퓨터 게임은 수업 시간에 배운 키바 프로그램을 보충하는 역할을 한다. 다양한 괴롭힘 사례를 보여 주고 이것을 게임 형식으로 극복하는 방법을 보여 줌으로써 학생들이 실생활에서 일어날 수 있는 상황을 미리 가상현실에서 체험해 보고 대응할 수 있는 역량을 기르게 만든다.

독일 - 행복 수업

독일에서는 한국 나이로 만 6살이 되면 그룬트슐레(Grundschule)라고 불리는 초등학교에 진학한다. 그룬트슐레에는 1학년부터 4학년까지 있다. 독일 교육의 가장 큰 특징은 중등 교육에서 드러난다. 독일의 중등학교는 3가지 형태로 학문적 교육을 중시하는 9년 과정의 김나지움(Gymnasium), 직업 교육을 제공하는 5년 과정의 하웁트슐레(Hauptschule), 6년 과정의 레알슐레(Realschule)로 나뉜다. 이 중 하웁트슐레는 사무직이나 저숙련 노동자를 양성하는 기능을 가진 직업학교로 이민자나 이민자 자녀들의 비율이 높다.

독일 정부는 모든 학생을 상해 보험에 무료로 가입시켜 학교에서 일어나는 신체 사고나 부상에 대해 보상을 하는 시스템을 가지고 있는데, 독일연방상해보험협회가 발표한 연구 결과에 따르면 폭력으로 보상을 받은 학생의 비율이 하웁트슐레가 다른 학교에 비해 월등히 높았다. 2003년 한 해만 남학생 중 69%가 학교폭력에 가담했거나 관련을 한 것으로 나타났다.

독일은 학교폭력과 관련된 단일법이 존재하지 않지만 아동 및 청소년을 대상으로 한 「복지지원법(Kinder-und Jugendhilfegesetz)」이 있다. 이 법안에는 "학교폭력 문제를 포함하여, 학생들의 사회적 차별을 줄이기 위하여 원조, 보호하고, 학생들의 가족들을 위한 안전하고 건강한 생활환경을 조성하여 학생 문제 발생을 예방하고자 하는 노력을 명시하고 있다."[8]

학생들에게 제공되는 프로그램은 상주형 프로그램과 외래형 프로그램으로 나뉘는데, 12~14세 청소년을 대상으로 하는 '사회성 강화 집단 프로그램(Soziale Gruppenarbeit)'은 대표적인 외래형 프로그램이다. 이 프로그램에 참가하는 학생들은 1년에 매주 4시간씩 게임, 활동, 프로젝트 등을 통해 정중하게 거절하기, 공격적 행위 대신 대안적 방안 찾아 보기, 규칙 준수 등을 배우며 공동체에 적응하는 법을 익힌다.

'사회성 강화 집단 프로그램' 외에도 청소년 복지 지원 서비스 차

8 김상곤, 배진형, 한정숙, & 김희영 (2013). 영국, 미국, 노르웨이, 독일의 학교폭력 예방과 문제 해결을 위한 대처방안 분석연구, 학교사회복지, 25, 333-364. 340쪽.

원에서 문제 행동을 보이는 청소년이 자신의 고민과 문제를 상담할 수 있는 '교육 후견인(Erziehungsbeistand) 제도', 위기 및 취약 아동 및 청소년이 학교 하교 후 방문하거나 잠시 머무르면서 치료와 상담을 받을 수 있게 하는 '주간아동보호교육센터(Tagesgruppe) 제도' 등을 제공하고 있다.

독일의 학교폭력 대응 제도의 특징은 학교와 연계하여 문제 아동 및 청소년을 위한 상담과 치료를 위해 사회복지사가 적극적으로 개입한다는 것이다. 예컨대, 각 학교에 사회복지사와 상담교사가 상주하면서 학교폭력에 관련된 학생들에게 문제 행동을 고쳐 나갈 수 있도록 돕는 역할을 하게 된다. 이때 학교폭력 피해 학생은 물론 가해 학생도 청소년 복지전문가가 학교와 연계하여 상담을 진행한다. 그리고 정부 차원에서 대부분의 비용을 지불한다.

또한 독일의 학교에서는 자율적으로 다양한 학교폭력 방지 프로그램이 실시되고 있는데, 그 중에 한국에도 많이 알려진 프로그램이 하이델베르크의 한 중학교에서 시작된 '행복 수업'이다.

2007년 하이델베르크의 에른스트 프리츠 슈베르트(Ernst Fritz-Schubert) 선생님은 자신이 교장으로 재직하고 있는 빌리-헬파흐(Willy-Hellpach) 학교에 '행복'이라는 과목을 신설했다. 슈베르트는 "학교는 학생들에게 배움의 즐거움을 가르치는 곳이지만, 재직 동안 아이들이 학교에서 행복을 느끼지 못한다는 사실을 깨달았다"고 고백하며 "오히려 학교에서 부정적인 영향을 받은 학생들을 위해 행복이라는 과목을 추가하기로 제안했다"고 『도이칠랜드(Deutschland)』지

에서 밝혔다.[9]

'행복 수업'은 바덴-뷔르템베르크(Baden-Württemberg) 주 정부의 정식 허가를 통해 독일에서 행복이라는 교과목을 최초로 학교 수업에 도입한 사례로서 긍정 심리학, 성격 이론 등과 같은 이론을 배경으로 만들어졌다. 또한 학생들의 '웰빙(well-being)'을 고취시키는 것을 학습 목표로 삼고 있다. "행복 수업의 모델을 이루는 네 가지 중심 요소는 인간의 삶에 대한 본질적인 질문을 바탕"으로 하는데 이를 통해 학생들은 "나는 누구인가? 나는 무엇을 할 수 있는가? 나는 무엇 때문에 하고자 하는가?"에 대한 대답을 찾아야 한다.

[행복수업의 네 가지 중심 요소]

① 심리적 욕구 Psychische Bedürfnisse: 나에게 중요한 가치 찾기	
나는 무엇을 필요로 하는가? Was brauche ich?	의미 Sinn, 자유 Freiheit, 안전 Sicherheit
② 일관성 Konsistenz: 내적인 모순 다루기	
나는 누구인가? Wer bin ich?	자아 존중 Selbstwert, 신뢰 Vertrauen, 책임 Verantwortung
③ 역량 Kompetenz: 고유한 역량을 발전시킬 수 있는 가능성 찾기	
나는 무엇을 할 수 있는가? Was kann ich?	자아 역량 Selbstkompetenz, 사회적 역량 Sozialkompetenz, 전문적 및 방법론적 역량 Fach—und Methodenkompetenz
④ 통합성 Kohärenz: 건강한 자아 성립	
나는 무엇 때문에 하고자 하는가? Wozu will ich?	자아 개념 Selbstkonzept, 유의미성 Sinnhaftigkeit, 관리 가능성 Handhabbarkeit

출처: 강명희 (2021). 독일 학교의 '행복' 수업 연구. 시민인문학, 40, 49-74. 57쪽.

---

9 '학교에서 행복 과목을 배우는 독일 하이델베르크', 네이버 포스트

이를 위해 멘탈 트레이닝 및 연극적 요소들을 담아서 매년 80개의 수업과 5개의 모듈로 나뉘어 총 2년간 진행되는데, 모듈에 대한 예시는 다음의 표에 정리되어 있다.

수업에서는 공동체 의식 및 책임감을 심어 주기 위한 다양한 활동이 시도된다. 함께한 친구를 들어 올려 그물 건너편에 다른 친구들에게 건네 주는 활동이나 다른 학생들이 들고 있는 통나무 다리 건너는 놀이 등을 한다. 이러한 활동과 놀이를 통하여 학생들은 관계를 형성하고 협동하는 법을 자연스럽게 익히게 된다.

[FSI 행복교과목 교사 연수 프로그램]

모듈 1	개요 및 기본 태도, 삶의 기쁨: 신뢰, 감사, 강점, 공감 발견	모듈 7	설계 능력 이용하기, 장애물 도전으로 이해하기, 계획의 한계 정하기
모듈 2	자원의 잠재력 발견, 단점 조절하기, 신념 확인하기	모듈 8	목표 실현을 위해 자원 활성화, 도전에 직면하기
모듈 3	꿈과 소망을 이룰 수 있는 잠재적 대상으로 이해, 내재적으로 동기화된 변화 인지	모듈 9	스트레스 예방, 의사소통, 갈등 조절
모듈 4	자신의 행동에 대한 동기 인식하기, 자기 계발과 훌륭한 미래를 위한 조건들 조성하기	모듈 10	건강 유지하기, 집단동력 이해하고 이용하기, 성공과 실패를 유연하게 다루기
모듈 5	통합적인 결정하기, 자신의 가치를 판단하기, 정사면체 모델	모듈 11	경험을 미래에 대한 자원으로 삼기 위해 성찰과 평가하기
모듈 6	발전의 목표 정의하기, 감정 조절 인식하기, 담당자와 협력	모듈 12	성찰 방법 이해, 균형 유지, 슬픔 극복, 미래에 대한 욕구 생성

출처: 강명희 (2021). 독일 학교의 '행복' 수업 연구. 시민인문학, 40, 49-74. 67쪽.

또한 '나쁜 성격 파는 장터' 활동에서는 학생들이 종이에 자신의 단점에 대해 쓴다. 진행자는 종이를 걷어다가 다른 학생에게 주고, 이를 받은 학생은 받은 단점을 장점으로 바꿔서 이를 장터에서 홍보를 하고 판다. 이를 통해 학생들은 자신의 단점이 관점에 따라 장점이 될 수도 있음을 인식하게 된다.

행복 수업을 통해 슈베르트는 궁극적으로 "학생들이 실패나 부정적인 감정을 겪을 수 있지만, 이를 적절하게 다루는 방법을 찾게 하고, 이를 교훈 삼아 미래의 유사한 상황을 극복할 수 있는 기회를 부여"하고자 했다. 학생들은 매 수업 후에 '행복 노트'를 작성해서 내야 하는데, 이는 학생들로 하여금 관계 맺기에 대한 메타인지적 접근을 통해 성찰할 수 있는 동기를 제공한다. 행복노트에서 학생들이 성찰해서 적는 메타 인지적 질문은 다음과 같다:[10]

1. 오늘 우리는 무엇을 했는가? 실제 진행된 실습 활동에 대해 자유로운 방식으로 서술해 보자.

2. 수업을 할 때 나는 어떻게 느꼈는가? 다른 사람을 보면서 무엇을 관찰했는가?

3. 오늘 학습한 것을 일상생활에서 어떻게 적용할 수 있는가? 그것은 무엇에 도움이 될 수 있는가?

---

10   강명희 (2021). 독일 학교의 행복수업 연구, 시민인문학, 40, 49-74.

행복 수업은 많은 연구를 통해 효과가 입증되어 독일 전역의 100개 이상의 초등학교 및 중등학교와 인근 독일어권 국가인 오스트리아와 스위스에서까지 차용되어 운영되고 있다.

영국 - 총체적 학교 접근

영국에서는 1989년에 발간된 『엘튼 보고서(Elton Report)』를 계기로 1990년대부터 정부에서 다양한 연구를 통해 학교폭력에 대한 적극적인 대응을 시작하였다. 『엘튼 보고서』는 당시 교사에 대한 학생의 폭력이 영국 언론에 크게 보도가 되고 사회적 문제가 되는 상황에서 발간되었는데, 과장된 언론의 보도와는 달리 교사들은 학생의 폭력의 정도를 심각하게 보지 않는 것으로 나타났다. 하지만 꾸준하게 지속되는 몇몇 학생들의 버릇없고 나쁜 행실(persistent but trivial misbehavior)로 인해 수업 분위기가 망쳐지는 등 학교폭력의 누적되는 영향력이 가장 큰 문제점으로 보고되었다.

영국에서는 학교폭력을 '괴롭힘(bullying)'이라고 개념화하는데 "괴롭힘 행위를 인종, 성별, 성적 지향, 장애, 입양 여부 등에 대한 편견에서 기인하는 물리적, 심리적 폭력"임을 강조하고 있다.[11] 1996년에는 교육법(The Education Act)을 개정하여 학교폭력에 대한 최초의 법

---

11 한유경, 궁선혜, 박주형, 엄수정 (2021). 소수 학생 대상 학교폭력 예방 및 대책에 관한 해외 사례 연구: 일본, 캐나다, 영국, 프랑스를 중심으로. 교육과학연구, 52(1), 25-58. p. 30.

적 근거를 만들었으며, 특히 지역 교육청에서 학교폭력에 가담한 문제 학생에 대한 대책을 강구하도록 규정했다. 또한 2011년에는 심각해지는 사이버 폭력 문제를 해결하기 위해 교사들이 보다 강력한 권한을 가지고 사건을 해결할 수 있도록 법적 근거를 마련하였다.

1998년에 공표된 '학교 표준 및 기본법(School Standard and Framework Act)'에서는 "학교폭력 예방에 대한 법적인 책임이 각 교장에게 있음을 명확히 함으로써 괴롭힘(bullying) 예방 및 대처에 관한 정책을 학교 행정의 핵심으로 부각"되게 하였으며, 이후 2006년에 제정된 '교육 및 검사법(The Education and Inspections Act)'에서는 "모든 학교가 학생들의 좋은 행동(good behavior)을 격려하고, 어떠한 학교폭력이라도 철저히 예방해야 하며, 학교 행동 정책을 수립할 뿐만 아니라 모든 학생, 학교직원, 부모들과 이를 공유해야만 한다고 규정"하고 있다.[12]

영국 정부의 이러한 움직임은 학계에서 행해진 연구와 맥을 함께 한다. 영국의 저명한 사회학자인 스튜어트 홀(Stuart Hall) 교수는 영국 사회에 큰 파장을 준 저서 『위기를 감시하기: 강도, 국가, 법 그리고 질서(Policing the Crisis: Mugging, the State and Law & Order)』에서 1970년대 영국 사회에서 일어난 강도(mugging) 사건 및 현상을 분석하였다.

홀 교수는 경찰, 학교와 같은 큰 관료 조직과 미디어가 반사회적인 행동을 조정할 뿐만 아니라 이런 행동에는 공적으로 꼬리표가 붙

---

12 김상곤, 배진형, 한정숙, 김희영 (2013). 영국, 미국, 노르웨이, 독일의 학교폭력 예방과 문제해결을 위한 대처방안 분석연구, 학교사회복지, 25, 333-364. 339쪽.

여겨서 '낙인 효과' 메커니즘을 만들어 낸다고 주장했다.[13] 질풍노도의 시기를 겪고 있는 청소년들은 규율과 원칙을 중요시 여기는 관료 조직의 입장에서 보았을 때 그 자체로 '위기 그룹(risk group)'으로 분류되며, 낙인 효과의 관점에서 학교폭력이나 강도 문제를 다룬다는 것이다.

실제로 영국과 미국과 같은 다문화 사회에서는 학교폭력 문제가 다문화, 인종 문제와 연결되어 다루어질 때가 많으며 경찰이 개입하여 문제를 해결할 때도 있다. 경찰은 학교폭력을 학생들 간의 다툼이나 학생들이 가진 심리적 사회적 갈등의 문제로서가 아닌 '폭력 혹은 범죄'의 문제로 간주할 때가 많기 때문에, 학교 울타리를 넘은 경찰의 개입 그 자체로 학생뿐만 아니라 학교 안 두려움을 증폭시킨다. 따라서 '형사 사법 제도'에 의거해 학교폭력에 가담한 문제 학생들을 선별하고 심한 경우 감옥까지 보내서 처벌하는 제도는 결국 학교에서 주도적으로 학생들의 갈등을 풀고 교육적으로 문제를 해결하겠다는 동기를 약화시키는 결과를 가져온다.

더 큰 문제는 '위기 그룹'으로 낙인 찍힌 아이들이 "학교에서 감옥으로의 파이프라인"에 갇히게 된다는 것이다. 영국이나 미국의 소년원에 흑인, 다문화, 가난한 배경의 아이들이 유난히 많은 것은 바로 이런 보이지 않은 손이 작동한 결과라는 주장과도 맞닿아 있다. 다소 극단적인 주장이긴 해도 이러한 연구가 다문화 사회로 진입하고

---

13 Johannes Lunneblad(ed.) (2019), Policing Schools: School Violence and the Juridification of Youth, Springer, p. 85

있는 우리나라에게도 시사점이 있음은 분명하다.

학교폭력을 접근하는 데 있어서 형사적 접근을 지양해야 하며 무엇보다 소수자 그룹에 속한 아이들과 배경 그 자체로 약자나 학교폭력의 목표물이 될 수밖에 없는 아이들에 대한 배려와 통합에 힘쓰는 관점에서 학교폭력 문제를 접근해 나가야 한다. 우리나라에서도 학교폭력 문제가 나와 다른 아이들이 대부분의 피해자가 된다는 사실에서 보았을 때 학교폭력 문제는 아이들의 교육적, 심리적, 사회적 이슈를 포괄하는 총체적인(holistic) 관점에서 접근되어야 한다.

이러한 연구가 기반이 되어서 영국은 학교폭력 정책의 기본 방향을 총체적인 관점에서 학교 구성원 모두를 포괄하는 방향으로 잡고 있다. 이를 '총체적 학교 접근(Whole-School Approach)'라고 명명했는데, 영어 단어 'whole'은 '전체, 모든, 온전한'을 의미한다. 즉, "학교폭력의 예방과 치유를 위해 교장과 교사는 물론 학부모와 학생 등 학교 내의 모든 주체들이 함께 협력하자는 것으로, 이 접근법에 기초해 각 주체들을 위한 다각적인 학교폭력 예방 및 대처 정책들이 개발"하는 것을 골자로 하고 있다.[14]

다음의 그림에서 보다시피 Whole-School Approach의 일차적인 주체는 학교 특히 학교의 책임자인 교장이며 교장이 학교 내에 학교폭력대책자치위원회를 만들어 집행하게 된다. 교장은 단위학교 차원에서 알맞은 정책을 만들 수 있는 재량권이 있는데, 이들을 돕기

---

14 박효정 외 (2006). 학교폭력 대처를 위한 지원체제 구축 및 운영 방안 연구. 한국교육개발원. 190쪽.

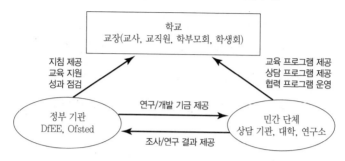

[학교폭력 예방 및 대처에 관한 지원 체제의 세 주체]

출처: 박효정 외 (2006). 학교폭력 대처를 위한 지원 체제 구축 및 운영 방안 연구. 한국교육개발원. 192쪽.

위해 영국 정부는 『괴롭힘을 예방하고 해결하기(Preventing and tackling bullying)』 같은 안내서를 발간하여, "각 단위학교가 모든 교직원을 대상으로 학교정책의 원칙과 목적, 학교폭력 문제 해결 방법, 법적 책임 등과 관련된 연수를 제공해야 한다고 규정하고, 학교장에게 학교폭력 관련 연수 제공의 책임을 묻는다."[15]

또한 학교 및 학교장을 정부 기관과 대학 및 상담 기관을 위시한 민간단체에서 돕는 구조를 가지고 있어서 학교장은 학교의 구성원 및 지역사회의 특성을 고려한 맞춤형 학교폭력 예방 프로그램을 만들어갈 수 있다. 예컨대 만 11세~16세 학생들이 다니는 맨체스터에 위치한 버니지 미디어 아트 칼리지(BMAC) 같은 경우에는 사이버 괴롭힘을 막기 위해 학교에서 휴대전화 사용을 금지하는 등의 정책을 펴기도 했다.

---

15 한유경, 궁선혜, 박주형, 엄수정 (2021). 소수 학생 대상 학교폭력 예방 및 대책에 관한 해외 사례 연구: 일본, 캐나다, 영국, 프랑스를 중심으로. 교육과학연구, 52(1), 25-58. p. 41

1년간 이 정책을 지속한 결과 영국의 학교 평가 기관인 교육기준청(Ofstead)에서도 학생들의 수업 태도가 좋아졌을 뿐만 아니라 사이버 괴롭힘 신고 숫자도 줄어들었다고 보고했으며, 이 학교의 이안 펜 교장도 "좋은 교사를 확보하는 것을 제외하고 학생들의 학습 능력을 높이기 위해 우리가 했던 가장 중요한 일이었다"라고 평가했다.[16]

　이 밖에도 영국 정부는 Whole-School Approach의 일환으로 사회적 감정적 기술 연마를 통해 공감을 향상시키고 이를 통해 학교 내의 폭력과 갈등을 없애는 SEAL(Social and Emotional Aspects of Learning) 프로그램을 도입했다. 이 프로그램을 통해 학교 내의 학생뿐만 아니라 교사와 직원을 포함한 학교에서 일하는 모든 사람들의 정서적 건강과 웰빙 그리고 긍정적인 행동을 독려하는 분위기를 만들었다.[17]

　이 프로그램에서 특별히 강조하는 것은 공감 능력의 배양이다. 학생들은 이질적인 문화에 사는 사람이나 역사 속 인물의 입장이 되어서 주어진 상황을 바라보는 과제를 수행하는데, 이를 통해 "흥미롭고 복잡한 사회적, 정서적 상황이 발생할 때마다 아이들이 그에 대해 공감적으로 사고하도록 도와줌으로써 감성 지능과 사회성이 높아지고 학업 성취도를 포함한 학교생활이 향상"[18] 될 수 있게 하는 인지적 공감 기술에 대해서 배우게 된다.

16　한국일보, '학생 정신건강 악영향'… 英 교육부, 교내 휴대폰 사용 전면금지 나선다, 2021년 6월 29일, 207쪽.

17　데이비드 호우 저, 이진경 역 (2013). 『공감의 힘』, 지식의 숲, 262쪽.

18　위의 책

[메타버스 기술을 활용한 프로젝트]

출처: http://www.gsa.ac.uk/research/cross-gsa-profiles/s/sclater,-madeleine/

메타버스(metaverse) 기술을 활용하여 학생들의 사회정서적 기술을 함양하는 프로젝트도 눈길을 끈다. 영국 정부에서 재정 지원을 받아 글라스고 대학(University of Glasgow), 셰필드 대학(Sheffield University) 등에서 컴퓨터 공학자, 교육학자, 심리학자가 학제 간 프로젝트인 The Inter-Life를 만들었다. 이 프로젝트는 가상 세계 공간을 활용하여 13세~17세, 18세 이상 두 그룹의 사춘기 청소년들이 생애 전이 과정을 경험하도록 설계되었다.

참가자들은 자신들만의 아바타를 갖게 되고 아바타를 통해 가상세계에서 다양한 상황에 부닥치게 되는데 이에는 '괴롭힘, 마약 복용, 전학, 고등학교 졸업 후 대학 진학, 진로 선택, 취미 만들기' 등의 활동이 들어 있다. 학생들은 이러한 활동들을 통하여 인생의 과도기를 성공적으로 이행하기 위해 필요한 사회적, 인지적, 정서적 스킬을 미리 가상세계에서 연마하게 되며, 교육 및 진로 선택에 있어 유의

162

해야 할 점을 미리 경험한다.

영국에는 EACH, Stonewall, Anti-Bullying Alliance, Barnardo's, Metro 등 학교폭력의 피해자와 가해자를 돕는 다양한 민간단체가 존재하며 이들은 정부의 지원을 받아 단위 학교와 연계하여 학교폭력 예방 및 지원 활동을 진행한다. 영국에는 학교, 정부 외에 지역사회에 기반한 학교폭력 예방 및 대처 시설도 다수 존재하는데, 그 중에 대표적인 것이 레드벌룬 학습센터(Red Balloon Learning Center)이다.

레드벌룬은 학교를 자퇴하려고 하는 학생들을 돕고자 하는 취지로 런던의 작은 가정집에서 시작된 커뮤니티 프로그램인데 지금은 영국 전역으로 확대되어 필요한 학생들에게 도움을 주고 있다. 레드벌룬 센터에서 아이들은 심리 상담뿐만 아니라 교과 공부도 같이 시켜 준다. 특징적인 것은 'Knowing Me, Knowing You(KMKY)'라는 회복 프로그램이다. 집단 강의 방식보다는 학생의 필요에 맞게 1:1

[레드벌룬 학습 센터 아이들]

출처: https://www.redballoonlearner.org/centres/red-balloon-reading/what-students-can-expect/

과외 혹은 소그룹 수업을 진행하면서 아이들이 학습 자체에 다시 흥미를 가질 수 있도록 동기부여를 한다. 그뿐만 아니라 멘토를 배치해 학생들이 사춘기와 같은 과도기적 시기를 잘 극복할 수 있도록 학생들의 생활 전반을 이끌어 주고 학업, 교우 관계, 개인적인 문제까지 코치해 준다.

이처럼 전 세계에서 가장 진보적인 학교폭력 정책과 사례를 가지고 있는 유럽 국가들이 학교폭력 예방 및 방지에 대해 가지고 있는 제도적 정책적 특징을 정리하자면, 학교폭력에 노출된 아이들, 가해자와 피해자 모두 법적으로 보호 받을 수 있는 장치가 마련되어 있다는 것이다. 독일이나 노르웨이 사례에서 볼 수 있는 것처럼 교육법에 국한되는 것이 아니라 청소년 복지의 관점에서 법적 제도와 장치가 마련되어 있다는 점이 특이하다. 또한 학교폭력을 비단 학생 혹은 가정의 문제가 아닌 학교가 주도하여 책임을 지고 예방을 하도록 학교폭력의 예방과 대처의 주체가 학교(학교장)이라는 점을 제도적으로 문화적으로 분명히 하고 있다.

이러한 지원 덕분에 학교가 학교폭력이 터지는 것을 선제적으로 막기 위한 다양한 프로그램 및 활동을 주체적으로 만들고 이 과정을 통해 학생의 사회정서적 능력, 특별히 자존감과 공감 능력을 향상시키고자 하는 데까지 나아가고 있다. 이런 노력을 대학을 위시한 연구 집단과 지역사회 기반의 단체 및 활동가가 지원해 주면서 학교에서 온전히 커버할 수 없는 심리상담이라든지 방과 후 프로그램에 대한 필요를 채워 주고 있다.

유럽 국가들의 사례가 시사하는 바는 사회 전반에 '학교폭력'에 대한 심각성을 인지하고 공동체 의식과 책임감으로 연대한 문화와 분위기가 마련되어야 한다는 것이다. 그래야만이 아동과 청소년들이 생활하는 학교 및 공간을 개선하고자 하는 자그마한 노력들이 지속적으로 불씨를 이루어 갈 수 있다.

미국 - 엄벌주의와 무관용 원칙

미국에서는 2020년 조사에 따르면 고등학생 5명 중 1명은 학교에서의 괴롭힘을 당한 경험이 있다고 보고할 정도로 학교폭력 문제가 심각하다. 사이버 괴롭힘도 심각한 상황인데 고등학생 6명 중 1명은 사이버 괴롭힘을 당한 경험이 있다고 보고되기도 했다.[19] 학교폭력이 제일 심각한 학교급은 중학생이며, 일주일에 한 번 정도 학교에서 괴롭힘을 당한 적이 있다고 보고한 학생이 28%나 되며, 그 다음이 고등학교(16%), 초등학교(9%) 순으로 나타났다.[20]

---

19 Centers for Disease Control and Prevention. Youth risk behavior surveillance—United States, 2019. Morbidity and Mortality Weekly Report--Surveillance Summaries 2020; 69(SS1). Available from https:// www.cdc.gov/healthyyouth/data/yrbs/pdf/2019/su6901-H.pdf.

20 Diliberti, M., Jackson, M., Correa, S., and Padgett, Z. (2019). Crime, Violence, Discipline, and Safety in U.S. Public Schools: Findings From the School Survey on Crime and Safety: 2017-18 (NCES 2019-061). U.S. Department of Education. Washington, DC: National Center for Education Statistics. Retrieved from http://nces.ed.gov/pubsearch.

여타의 국가와 비교해서 미국의 학교폭력이 심각한 이유는 총기 사용의 규제가 느슨한 사회적인 배경에서 학교폭력이 총기 난사 사건으로 확대될 수 있기 때문이다. 『워싱턴 포스트』지에 의하면 1999년 많은 수의 학생의 목숨을 앗아간 콜럼바인(Columbine) 총기 사건 이후에도 2001년에 캘리포니아 산타나 고등학교, 2006년 펜실베니아 학교, 2007년 버지니아 공대, 2012년 코네티컷 초등학교, 2019년 LA 사우거스 고등학교 등 256,000명이 넘는 학생이 총기난사 유사 사건으로 목숨을 잃은 것으로 보도되었다.[21]

또한 미 교육부 산하의 국립교육통계센터(National Center for Education Statistics)와 미 법무부 산하의 사법통계국(Bureau of Justice Statistics)의 2003년 통계에 의하면 고등학교 학생 중 17%나 되는 학생들이 총기를 소지한 경험이 있다고 보고했다. 이렇게 학교폭력에 연루된 학생들은 심각한 심리적, 신체적 해를 입게 되는데 2019년에 행해진 '청소년 위기 행동 조사(Youth Risk Behavior Survey)'에 의하면 학교폭력의 횟수와 기간이 늘어날수록 학생들은 우울증과 자살 충동 같은 심리적인 장애뿐만 아니라 비만, 흡연, 폭음, 무분별한 섹스 등 신체적인 장애를 경험하는 빈도가 더 높아지는 것을 볼 수 있다. 이에 대해서는 다음의 표에서 자세히 보여 주고 있다.

미국의 심각한 학교폭력 실상은 1960년대부터 발의된 학교폭력 방지법 및 다양한 제도적 장치에도 불구하고 나온 것이어서 충격을 더한다. 사실 미국은 연방법 차원에서 학교폭력에 관하여 별도로 다

---

21 https://www.washingtonpost.com/graphics/2018/local/school-shootings-database/

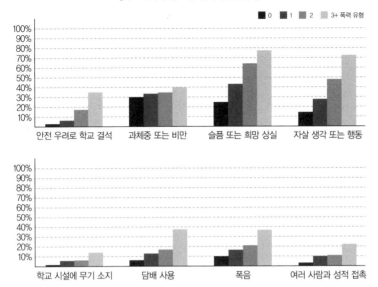

[학교폭력과 청소년 위기 행동 관계]

출처: Centers for Disease Control and Prevention (Feb. 2021). CDC Vital signs: Violence Impacts Teens' Lives.

루고 있지는 않지만, 1965년 「초중등 교육법」에서 처음으로 학생들의 '안전한 학교 선택권(USCO: Unsafe School Choice Option)'이 발의된 후 2003년에는 모든 주에 USCO를 따르도록 하였다. '안전한 학교 선택권'의 요지는 학교폭력 피해 학생이 다른 안전한 공립학교로 전학할 수 있는 권리를 보장하는 것이다.

그뿐만 아니라 학교폭력과 연관된 총기 문제를 해결하기 위해 1990년 「총기 없는 학교 구역법(GFSA: Gun-Free School Zone Act)」이 연방정부에서 통과된 후 1996년에는 모든 주에서 입법이 되었다. "미국의 엄벌주의(tough on crime)와 무관용 원칙의 뿌리는 바로 이 총기 없는 학교 구역 법안(GSFA)에서 시작"되었으며, "무관용 원칙을 뒷받침하기 위하여 금속 탐지기(metal detectors)의 설치, 사물함 조사(locker search), 학교 감시 카메라(school surveillance) 설치, 교복(school uniform) 도입 등의 후속 제도들이 속속 도입되었다."[22]

이처럼 미국의 학교폭력 제도의 근간을 이루고 있는 원칙은 '무관용(zero tolerance)'인데, "비행의 정도를 불문하고 모든 비행자를 엄하게 처벌"하며, "폭력을 예방하기 위하여 강제적이고 간단명료한 전략이 필요하다"는 것을 전제로 하고 있다.[23] 이처럼 미국에서는 "'학교폭력'을 심각한 폭력 범죄와 단순 폭행을 아우르는 개념으로 보고 있으며, 교내 총기 사고 이후에는 '폭력적인 사망(Violent Deaths)'을 학교 교정은 물론 소유 부동산, 통학로 등의 장소적 공간에서, 수업, 통학, 공식적인 학교 행사의 참석 기간 중에 발생한, 학생, 교직원을 비롯하여 이들이 아닌 자까지 포함하는 살인, 자살, 공권력을 통한 체포 과정 중의 살해 등을 의미한다고 정의하고 있다."[24]

그뿐만 아니라 미 교육부 산하 '안전하고 마약 없는 학교를 위한 사무국'에서는 법 제정을 통해 SERV(School Emergency Response to Violence) 프로젝트를 만들고 이를 위한 재정 지원을 하기에 이르렀

---

22 정재준 (2012). 미국의 학교폭력 방지대책. 법학, 53. 549쪽.

23 정일환, 김영환 (2012). 미국 학교폭력에 대한 무관용정책의 변화와 시사점. 비교교육연구, 22, 25-49. 26쪽.

24 백경희, 송승훈, 박정수, 강근호, & 조동선 (2019). 학교폭력의 범위 및 가해 학생과 그 감독자의 법적 책임에 관한 고찰-미국의 법제와의 비교를 중심으로. 법학논집, 23(3), 109-139.122쪽. Institute of Education Sciences. Indicators of School Crime and Safety: 2017. 32 · 33. https://nces.ed.gov/pubs2018/2018036.pdf.p.iii

다. 갑작스러운 학교폭력 사건으로 인해 면학 분위기나 환경이 파괴된 학교를 돕기 위해 관련된 서비스를 제공하는 것을 골자로 하고 있는데, 학교와 지역사회의 연계뿐만 아니라 종교기관 및 응급시설과 파트너쉽을 통해 학교에서 학교폭력이나 총기 사건의 위기가 일어나기 전에 구성원 간의 의사소통 및 구조 방법에 대해 소통하게 하며 이를 통해 학생과 교사의 신체적 정서적 안정을 추구할 수 있는 다양한 프로그램을 준비하여 학생들과 교직원들을 회복시키는 것을 목표로 한다.

미국 오바마 행정부에서는 학교폭력 문제에 지대한 관심을 가졌는데, 2011년에 미국에서는 최초로 백악관에서 학교폭력 컨퍼런스가 열리기도 했다. 다음은 오바마 대통령이 이 학교폭력 컨퍼런스에서 연설한 내용의 일부를 발췌한 것이다:

"학교폭력을 방지하는 것은 대통령으로서가 아니라, 부모로서 매우 중요한 과제입니다. 이 컨퍼런스의 목표가 딱 하나만 있다면, 그것은 학교폭력이 해롭지 않은 통과의례일 뿐이라는 생각을 없애기 위해서입니다. 저 또한 큰 귀와 특이한 이름 때문에 학교폭력을 피할 수 없었습니다. 여러분도 학교 복도나 운동장에서 따돌림 당하는 학생을 본 기억이 있을 겁니다. 따돌림은 자주 일어나고 오랫동안 있었던 문제였기 때문에 사람들이 때로는 무시해 왔습니다.

하지만 다음 통계를 생각해 보세요. 중고등학교 학생 3명 중 1명이 올해 학교폭력을 경험한 적이 있답니다. 다른 학생이 자신을 밀치고,

넘어뜨리고, 심지어 자신에게 침까지 뱉은 경험이 있는 학생 수가 300만 명에 가깝습니다. 입는 옷, 장애, 성적 취향 때문에요. 오늘날에는 따돌림이 학교에서 끝나는 것이 아닙니다. 학교 복도에서 시작해 우리 아이들의 핸드폰, 컴퓨터까지 따라옵니다. 학교에서 매일매일 따돌림을 당해 스스로 목숨을 끊은 아이들의 얘기를 들으면서 가슴이 아팠습니다. 많은 분이 학교폭력을 줄이기 위해 노력하고 있습니다. 그분들에게 말하고 싶습니다. 백악관에도 파트너가 있다고 말이죠."[25]

이렇게 대통령의 지대한 관심과 함께 「왕따 방지법」이 발의되기까지 했는데, 그 배경에는 플로리다 농공 대학의 한 학생이 선배들로부터 왕따와 구타에 시달리다가 결국 숨지게 된 사건이 있었다. 피해 학생은 동성애자였던 것으로 밝혀졌는데 이 사실이 학생이 따돌림을 당하게 된 원인이었다고 부모는 주장했다. 실제로 미국 고등학교에서 동성애자 학생의 40%가 괴롭힘을 당한 반면에 그렇지 않은 학생은 22%로 거의 배가 차이가 나는 것으로 드러났다.[26]

「왕따 방지법」을 적극적으로 추진한 플로리다주의 프레데리카 윌슨(Frederica S. Wilson) 의원은 이 법안에서 피해 학생에게 신체적 상해를 입힌 가해 학생을 중범죄자로 다스리는 한편 학교폭력 행위를 보

25   신종호, 윤영, 김명섭 (2018). 『폭력 없는 행복학교 만들기』, 학지사, 292쪽.

26   Centers for Disease Control and Prevention. Youth risk behavior surveillance—United States, 2019. Morbidity and Mortality Weekly Report--Surveillance Summaries 2020; 69(SS1). Available from https:// www.cdc.gov/healthyyouth/data/yrbs/pdf/2019/ su6901-H.pdf.

고도 말리지 않거나 신고하지 않는 방관자들도 처벌을 받도록 했다. 이렇게 신고하지 않을 때 벌을 주는 불고지죄 적용에는 피해자 측도 포함된다. 이는 피해 학생이 가해자의 보복이 두려워 침묵할 수밖에 없는 환경을 바꾸기 위한 조치다.

윌슨 의원은 "집단 괴롭힘 현장에 같이 있었다면 때린 자나 단순 참여자나 죄가 같다"고 주장하면서 "가해 학생은 스스로를 무적이라고 느끼기 때문에 그들에게 공포심을 심어 주지 않으면 문제가 해결되지 않는다."라고 말했다. 플로리다에서도 피해 학생이 숨진 현장에 있었던 학생 모두 아무 일도 없었다며 자신의 책임을 부인하기도 했다.[27]

하지만 학교폭력의 가해 학생이 법원의 외출 제한을 어길 경우 대신 부모가 처벌을 받는 등 많은 강경책이 있음에도 불구하고, OECD 국가 비교에서 미국은 학교폭력 비율이 최상위권에 속한다. 많은 학자들은 이것이 미국 내에 만연해 있는 소득 불평등 때문이라고 지적한다. 결국 "경제 위기로 인한 과도한 경쟁, 실업, 열등감, 갈등은 가정 해체를 가져오고 가정이 붕괴되는 과정에서 부모들은 사회로부터 받은 스트레스를 고스란히 가정으로 끌고 들어온다. … 아이들은 위기를 딛고 일어서든 부모들이 겪는 스트레스에 고스란히 나타난다. 그 정서적인 폐해는 각종 심리 문제로 이어지고 그 중 가장 큰

---

27 문화아이닷컴, '미, 초강력 국가왕따방지법 추진: 학교폭력 불고지죄 도입… 피해자도 예외 없이' http://www.munhwai.com/news/view.html?page=931&section=1&category=5& no=2772

손실은 바로 자존감의 상실이다."[28]

이렇듯 위기로 인한 사회 경제적 격차 및 소득 불평등은 부모와 아이들의 자존감을 떨어뜨리고 이것이 사회에서 표면적으로 드러난 것이 바로 학교폭력이라고 할 수 있다. 많은 예산 투입과 연구에도 불구하고 미국에서 학교폭력 상황이 개선되지 않는 것도 이런 이유로 보인다.

그뿐만 아니라 더욱 더 폭력적으로 변해가는 미디어 환경도 학교폭력에 심각한 영향을 준다. 기성세대가 접하던 미디어의 종류와 횟수에 비해 자라나는 세대가 유튜브나 넷플릭스와 같은 다변화된 미디어 환경으로 인해 접하는 미디어 수준은 가히 비교 불가능할 정도다. 코로나로 인해 메타버스와 같은 가상 세계가 더욱 더 활성화됨에 따라 아이들은 어른들이 일상생활에서는 상상도 못할 폭력적이고 섹슈얼한 동영상과 이미지를 무분별하게 접하게 되는 상황에 빈번하게 노출된다.

"기존의 TV와 영화 등 전통적 매체 이외에 신종 사이버 남용(cyber abuse)은 청소년의 제어되지 않는 본능을 폭발하게 만드는 역할을 하였다. 사이버 상에서의 폭력, 살인, 섹스, 절취는 아무런 문제가 되지 않고 청소년들의 대리 만족이나 스트레스 발산의 기제로 활용되었던 것이다. 그러나 이러한 신종 매스미디어(사이버) 확산은 현실과 사이버상의 차이를 오판하게 하고 공격적 행동으로 쉽게 나아가게 만

---

28 SBS스페셜 제작팀 (2013).『학교의 눈물』, 프롬북스, 293쪽.

든다."[29]

1980년대 일찍이 괴롭힘의 사회 심리적 맥락과 원인에 대해 연구한 앨버트 반두라 교수는 미디어를 통해 노출된 폭력은 아이들에게 다음의 네 가지 영향을 준다고 주장했다.[30]

1. 공격적인 행동 양식을 가르친다.
2. 공격적인 행동에 대한 저항과 자제력을 상실하게 만든다.
3. 아이들을 폭력에 익숙해지고 무감각하게 만든다.
4. 아이들이 자신들의 행동에 대한 근거를 만드는 현실에 대한 이미지를 변화시킨다.

미국 뉴저지주에 위치한 럿거스 대학 연구진이 820명의 10대 청소년을 대상으로 가장 좋아하는 텔레비전 프로그램, 영화, 비디오 게임과 폭력적 장면에 대한 노출 횟수를 조사했다. 그 결과 폭력적인 장면에 노출된 횟수와 폭력적 행동에 대한 빈도에 상관관계가 있는 것으로 드러났다. 이처럼 "연구진은 학문적인 어려움이나 정신병력, 실생활에서의 폭력 노출 등 청소년의 폭력적이고 공격적인 행동을 이끌 수 있는 다른 요인들도 고려했지만, 미디어의 폭력성이 폭력적 행동을 이끈다는 것은 의심할 여지가 없는 사실이라는 것을 발견했

---

29 정재준 (2012). 미국의 학교폭력 방지대책. 법학, 53, 539쪽.

30 Bandura, A. (1983). Psychological mechanisms of aggression. *Aggression: Theoretical and empirical reviews*, 1, 1-40. P. 7

출처: Amazon.com

다."[31] 심지어는 폭력적 성향이 적은 아이들, 대표적으로 미취학 아동까지도 폭력적 장면에 노출될 경우 영향을 쉽게 받는 것으로 나타났다.

학교폭력 문제를 해결하기 위해 미국의 많은 시민 단체와 활동가들이 나섰는데, 그 중에서도 학교폭력 피해자의 엄마인 브렌다 하이(Brenda High)가 만든 '불리 폴리스(Bully Police)'가 대표적이다. 브렌다의 아들인 제라드는 중학교 입학 후 들어간 야구팀에서 지속된 괴롭힘으로 인하여 심한 우울증을 앓다가 13번째 생일이 지난 며칠 후 아버지가 회사 출근하시는 것을 배웅하고 아버지의 권총으로 스스로 목숨을 끊었다.

브렌다는 심리 치료 요법의 하나로 자신의 경험과 감정을 블로그(www.jaredstory.com)에 올리기 시작했는데, 이 글이 유사한 상황을 겪고 있는 많은 사람들은 물론 교육 관계자들에게 많은 울림과 공감을

---

31 신종호, 윤영, 김명섭 (2018).『폭력 없는 행복학교 만들기』, 학지사.

주면서 영향력을 갖게 되었다.

브렌다는 그 이후 'Bully Police'라는 웹사이트를 만들어 학교폭력 피해자들의 목소리를 모았고 이를 '학교폭력으로 인한 자살'을 가리키는 신조어인 'Bullycide'라는 제목의 책으로 출판하고, 자신의 경험뿐만 아니라 이들의 경험을 방송 출연 및 강연을 통해 지속적으로 알렸다.

이듬해 1999년에 터진 콜롬바인 고등학교 총기난사 사건을 계기로 브렌다와 자원봉사자들은 미국의 워싱턴주를 비롯하여 미국의 각 주에 '학교폭력 예방법'의 입법을 촉구하는 운동을 벌였다. 이러한 노력의 결과 오클라호마, 버몬트, 아리조나, 아이오와, 텍사스, 메릴랜드 등 30개 주에서 관련법이 입법이 되었고, 아이다호에서는 그녀의 아들의 이름을 따서 "제라드 법"이라고 명명했다. 지금은 모든 미국의 주에서 '학교폭력 예방법'이 시행 중이며, 브렌다의 단체에서는 각 주의 법안을 A++에서 F까지 등급을 매겨 지속적으로 정부의 정책을 감시하는 단체(watch-dog organization)로서의 역할을 하고 있다.

미국은 우리나라와 문화적으로나 인종적으로나 너무 다른 국가지만 학교폭력의 양상은 피해자가 학교폭력 사실을 쉬쉬하는 경우가 많고 극단적인 경우 학교폭력으로 인한 자살을 하는 비율이 높으며 중학교에서 가장 빈번하게 일어난다는 점에서 우리나라와 유사한 부분이 많다.

미국의 학교폭력 제도 및 정책의 근간은 무관용 원칙이다. 하지만 이러한 원칙에 근거한 강력한 정책에도 불구하고 미국의 학교폭력은 감소될 기미를 보이지 않는다. 가해 학생은 정학이나 퇴학을 반성의 기회로 삼기보다 불공정한 사회의 반영으로 보기 때문이다.[32] 이러한 사실은 정학을 당한 학생의 40%가 반복해서 비행을 저지른다는 연구를 통해서도 증명된다.[33]

학자들은 무관용 원칙에 따라 과중한 처벌을 하는 것이 학생들로 하여금 지속적으로 비행을 저지르게 하는 '요인' 혹은 '원인'이 될 수 있다고 지속적으로 지적한다.[34] 오히려 엄벌주의에 따라 퇴학이나 정학을 당한 학생들이 사회 경제적 고통을 받고 지속적으로 폭력 상황에 연루되는 등 그 부작용이 상당하다는 것이다. 이에 따라 무관용 원칙의 기조는 유지하되 이를 보완할 수 있는 대안적 프로그램의 마련이 시급하다는 의견이 미국 내에서 끊임없이 개진되고 있으며 이에 따라 미국 정부도 예방 차원의 전략 및 정책에 대한 대안을 모색하고 있다.

---

32 Sheets, R. H. (1996). Urban Classroom Conflict: Student-teacher Perception: Ethnic Integrity, Solidarity and Resistance, 28, Urban Review, 165. 165-183

33 Bowditch, C. (1993). Getting Rid of Troublemakers: High School Disciplinary Procedures and the Production of Dropouts, 40 Social Problems, 493.

34 Raffaele-Mendez, L. M. (2003). Predictors of Suspension and Negative School Outcomes: A Longitudinal Investigation, In J. Wald & D. J Losen (Eds.) 99 *New Directions for Youth Development* : *Deconstructing the School-to-prison Pipeline 17*. 17-34

캐나다 - 회복적 정의

캐나다도 미국 못지않게 학교폭력의 상황이 심각하다. 캐나다의 공영방송국인 CBC(Canadian Broadcasting Corporation)에서 2019년에 14세부터 17세까지 4,065명의 청소년을 대상으로 온라인으로 행한 학교폭력 실태 조사 결과에 따르면, 41%의 남학생이 고등학교에서 신체적 폭력을 경험했고, 26%의 여학생이 학교에서 원하지 않은 성적인 접촉을 경험했다고 한다. 그리고 4명 중 1명의 학생들이 7학년(한국으로 치면 중학교 1학년)이 되기 전에 성희롱이나 성폭력을 처음으로 경험했다고 보고했다.

이러한 학교폭력은 도시보다 시골에서 더욱 심각하다. 대서양에 접해 있는 4개의 주에 속한 시골 지역 학교에 다니는 71%의 학생들, 그리고 남서부 초원 지역에 사는 학생들의 70%가 학교에서 혐오스러운 이름으로 불렸다고 보고했는데, 이 비율은 도시 지역보다 훨씬 높다. 가장 걱정스러운 사실은 설문조사에 참여한 거의 50%의 학생들이 자신들이 경험하거나 목격한 학교폭력을 부모나 교사와 같은 성인에게 알리지 않았다는 것이다.[35]

이러한 결과는 "인종, 젠더, 성적 지향, 장애, 소득 등에 기초한 차별과 혐오를 엄격하게 금지하는 다민족 국가"로 다양성(diversity)과 인권(human rights)을 중요시 여기는 캐나다 문화에 비춰 보았을 때 충

---

35 Jennifer McGuire, 'Why CBC started looking into violence in schools' CBC News, Oct 24, 2019.

격적인 사실이다.[36] 캐나다는 학교폭력을 국가범죄예방센터에서 다룰 정도로 학교폭력 자체를 범죄로 규정하고 있으며 미국과 같이 무관용 원칙에 따라 학교폭력 정책을 펴고 있다. 또한 연방헌법과 인권법을 통해 외국인과 유색인종에 대한 차별과 혐오 및 차별을 금지하고 있다. 그뿐만 아니라 유치원 및 초등학교 교과서에 동성연애 및 결혼에 관한 내용을 넣을 정도로 소수자에 대한 배려 및 관용을 중시하는 나라이기도 하다.

캐나다 경제의 중심이자 가장 큰 도시인 토론토가 위치해 있는 온타리오주의 교육부는 동성애 혐오 발언(homophobic comments)을 학교폭력으로 규정하였고, 2011년에는 각 학교에서 혐오 발언에 대한 사건을 교육부에 보고하도록 법적으로 규정했다. 이런 강력한 법적 장치에도 불구하고 2018년 토론토 교육청(TDSB: Toronto District School Board)에서는 약 25,000명 중에 227건의 사건만을 보고했다.[37]

공식적인 절차와 법적 보호가 마련되었음에도 불구하고 많은 아이들이 학교 안에서 자신이 당하는 차별이나 폭력에 대해서 보고하지 않는 이유는 다양하겠지만 무엇보다도 '두려움'이 가장 큰 이유라 하겠다. 이와 관련해 CBC와 인터뷰를 한 로드리게즈(Rodriguez)라는 학생의 말이 큰 울림을 준다.

---

36 한유경, 궁선혜, 박주형, 엄수정 (2021). 소수 학생 대상 학교폭력 예방 및 대책에 관한 해외 사례 연구: 일본, 캐나다, 영국, 프랑스를 중심으로. 교육과학연구, 52(1), 25-58. P. 34

37 Kelda Yuen, 'I just ignored it': Violent, homophobic incidents common in high schools but few students report them', CBC News, Oct 24 2019.

"많은 학생들이 제가 이민자일 뿐만 아니라 게이라는 사실 때문에 놀리거나 심지어는 성폭력까지 가했지만 저는 이야기할 수가 없었어요. 왜냐하면 저를 괴롭힌 대다수의 아이들이 갑자기 어디서 온 애들이 아니잖아요(Many of them aren't out of the closet). 만약 그 애들의 부모가 알게 되면요? 만약 교실 안 다른 애들이 알게 되면요?"

로드리게즈의 말처럼 학교폭력을 당하는 아이들의 많은 경우가 자신이 가지고 있는 인종, 성, 가정 배경 그 자체 때문에 학교폭력의 피해자가 되는 경우가 많다. 학교에 알릴 수 있는 공식적인 통로가 있다고 하더라도 나의 비밀이 '알려지는 것 자체'가 두려운 일이기 때문에 피하거나 무시하는 경우가 다반사이다.

이런 경우에 특히 유용한 것이 비슷한 처지에 있는 다른 아이들 및 신뢰할 만한 상담사나 어른들과 소통할 수 있는 창구를 마련해주는 것이다. 캐나다 정부에서도 학교 안에서 학교폭력을 예방하고 해결하는 분위기와 제도적 장치를 만들어 주는 것도 중요하지만 공식적으로 해결할 수 없는 민감한 사항이나 '위기 그룹(risk group)' 아이들을 관리하고 도와주기 위해 민간단체와 연계하여 다양한 프로그램을 지원하고 있다.

'관계증진과 폭력제거 네트워크(PREVNEt: Promoting Relationships and Eliminating Violence Network)'는 62개의 기관들과 130여 명의 연구자들과 협력하여 학교와 경찰, 기업 등 지역사회의 다양한 단체들과 함께 학교폭력 근절을 위해 협력하고 있다. Egale 같은 민간단체는 소수자 학생의 인권을 보호하고 이들에게 대한 학교폭력 예방을 위해 노력하고 있다.

학교폭력 피해자들의 회복을 위해 가장 중요한 것은 가해자들의 진실한 사과이다. 그래서 이렇게 학교폭력 피해자와 가해자들의 대화를 나누고 마음을 나눌 수 있도록 중재해 주고 화해의 창구를 여는 활동이 가해자들에 대한 처벌보다 훨씬 더 중요하다.

사실 학교폭력에서 중재의 중요성은 '회복적 정의(Restorative Justice)' 개념에 근거하고 있는데 이를 처음 캐나다에서 널리 알리고 대중화시킨 프로그램은 1974년 온타리오주의 키치너(Kitchener) 지역에서 청소년 범죄자를 대상으로 행해졌던 피해자-가해자 화해 프로그램 VORP(Victim-Offender Reconciliation Program)이다. VORP 프로그램은 그 후 북미 전 지역으로 확산되어 300개가 넘는 프로그램이 만들어졌으며, 다음과 같은 절차에 따라 학교폭력 피해자의 회복 과정을 마련한다.

회복적 정의 절차에서 가장 중요한 것은 가해자에 대한 엄벌보다 '피해자의 회복'에 초점을 맞추는 것이다. 이는 "가해자를 엄벌하거나 격리한다고 해서 피해자의 감정이 치유되는 것은 아니라는 점과 법원의 일방적 처벌보다 피해자에 대한 효과적이고 실질적 배상에 유리하다는 점"에 근거하고 있다.[38] 앞서 미국의 사례에서도 논의했다시피 무관용 원칙에 따라 가해자를 엄벌에 처하는 것은 많은 부

---

[38] 정재준 (2012). 미국의 학교폭력 방지대책. 법학, 53. 56쪽.

[회복적 절차에 의한 학교폭력 방지 대책]

• 학교폭력이 어떤 규정(법률)에 위반되고 이로써 어떤 피해를 주었는지 확인한다.

↓

• 피해자가 구체적으로 어떤 피해를 입었는지 특정한다.

↓

• 학교폭력으로 인한 간접적인 피해들은 무엇인지 특정한다.

↓

• 이를 인지시킨 후 피해자와 가해자가 동석한다.

↓

• 피해자의 기본적 권리가 무엇이고 현재 무엇을 필요로 하는지 대화한다.

↓

• 진정한 사과와 용서로서 화해하고 배상의 구체적 방법도 합의한다.

출처: 정재준 (2012). 미국의 학교폭력 방지 대책. 법학, 53. 55쪽.

작용을 낳았으며, 미국 내에서도 이에 대한 대안과 보안을 요청하는 목소리가 쇄도하고 있는 상황이다. '일시적인 통제와 감시'로 잠시 폭력을 억누를 수는 있겠지만 학교폭력의 피해자가 가해자로 변하는 경우가 많은 것에도 드러나듯이 근본적인 해결책이 되지는 못한다.

회복적 정의에 기반 한 프로그램 못지않게 캐나다에서 전 세계로 확산된 학교폭력 관련 프로그램 중 하나는 '공감의 뿌리' 수업이다. 공감의 뿌리 수업은 토론토에서 처음 시작되었는데 지역 사회에 사는 엄마와 아가가 학교에 27주 동안 매주 방문하여 프로그램을 담당하는 강사의 지도로 학생들과 함께 수업을 하는 형태다.

매주 엄마와 아가는 학교에 방문하여 학생들과 친분을 맺는다. 학

[공감의 뿌리 수업]

출처: https://www.timeschronicle.ca/babys-visit-teaches-grade-2-children-emotions-empathy-successful-roots-empathy-program/
사진: Richard McGuire.

생들은 아가를 위해 노래를 불러 주기도 하고 그림책을 읽어 주기도 하고 그냥 아가가 기어 다니는 것을 관찰하기도 한다. 학생들은 아기가 왜 울고 있는지, 아기는 왜 이런 행동을 하는지 아기의 몸과 마음에 주의를 기울이고 아기의 입장에서 보고 느끼고 경험하면서 아기와 상호 작용을 한다. 이런 일련의 활동을 통하여 학생들은 자연스럽게 공감 능력을 키운다.

수업을 진행하는 강사 타르 씨는 이 수업의 장점에 대해 다음과 같이 말했다:

"공감의 뿌리 수업은 안전하고 배려하는 수업 환경의 기초를 놓아 준답니다. 이곳에서 학생들은 자신들의 감정뿐만 아니라 다른 사람들의 감정에 대해서 이해하는 법을 배우지요. 아가의 바디 랭귀지나 행동을 자세히 관찰하면서 학생들은 다른 사람들의 감정에 몰입하는 법을 배워요. 이렇게 공감 능력이 배양된 학생들은 다른 사람들을 신체적으로, 감정적으로, 심리적으로 다치게 하거나 괴롭힐 가능성이 적어지지요."[39]

공감의 뿌리 수업에 참여하는 학생들을 대상으로 브리티시 콜롬비아 대학 및 매니토바 대학의 연구진이 연구를 한 결과 참여 학생들은 자신들의 감정에 대해 정확하게 인지하고 표현할 수 있는 '정서적 지식(emotional knowledge)'이 좋아졌을 뿐만 아니라, 자존감과 행복감 지수에도 높은 비율을 기록한 것으로 밝혀졌다. 이에 대해 이스트 앵글리아 대학 (University of East Anglia) 사회복지과 명예 교수인 데이비드 호우(David Howe) 교수는 다음과 같이 설명한다:[40]

"학생들은 그것을 자신의 경험과 비교하여 살펴보도록 교육받는다. 아기들이 왜 웃는지, 왜 우는지, 왜 졸려 하는지 생각해 보는 동안 그들 역시 그들 자신이나 타인의 감정을 인식하고 이해하는 데 도움이 되는 '감정의 어휘'를 발달시키게 된다. 특히 아이들은 타인의 의도와 그 뒤에 깔려 있는 마음의 상태에 대해 생각해 보도록 가르침을 받는다."

공감의 뿌리 프로그램을 만든 장본인인 메리 고든 여사는 "아이들

39 Baby's visit teaches Grade 2 children about emotions and empathy in successful Roots of Empathy program|TimesChronicle.ca https://www.timeschronicle.ca/babys-visit-teaches-grade-2-children-emotions-empathy-successful-roots-empathy-program/

40 데이비드 호우 저, 이진경 역 (2013). 『공감의 힘』, 지식의 숲, 263-264쪽.

에게 정서적 교양을 가르치고 타인의 관점을 수용하는 능력을 길러 주는 것은 협동정신과 예의를 훈련시키는 중요한 열쇠"라고 주장하는데,[41] 이렇게 자신과 타인의 감정을 읽을 수 있는 능력이 생긴 학생들은 쉽게 학교폭력의 위험에서 스스로를 보호할 수 있을 뿐만 아니라 타인을 공격할 가능성도 현저히 낮아진다.

캐나다에서 유래한 공감의 뿌리 프로그램이나 회복적 정의 절차에 기초한 화해 프로그램인 VORP 사례에서 보는 것처럼 학교폭력은 '폭력' 그 자체를 어떻게 없앨 것인가 혹은 가해자를 어떻게 처벌할 것인가보다 학교폭력을 예방할 수 있는 기저 능력을 학생들에게 심어 주는 것이 더 급선무라 할 수 있겠다. 이를 위해서는 아이들의 사회정서적 역량을 함양할 수 있는 다양한 프로그램이 학교의 교육과정뿐만 아니라 아이들이 접하는 다양한 지역사회, 가정 그리고 미디어의 활동에 스며들어야 한다. 때로는 많은 예산과 인력이 투입된 거창한 프로그램보다 스스로 아무것도 할 수 없는 아기와 놀아 주는 것이 학생의 자존감과 행복을 높여 주는 방안이 될 수 있다.

일본 - 집단주의와 몬스터 패밀리

일본에서 학교폭력 문제가 수면 위로 떠오른 것은 1970년대 후반이다. 특히 1980년에 도쿄에서 중학생들이 조성한 폭력조직인 우성

---

41 메리 고든 저, 문희경 역 (2009). 『공감의 뿌리』, 샨티.

회(憂誠會)가 사회적으로 큰 파장을 일으키면서 일본 정부에서도 적극적으로 그 대책을 마련하기 시작했다. 하지만 이런 노력에도 불구하고 동급생에 대한 집요하고 잔인한 괴롭힘인 '이지메(집단 따돌림)'가 새로운 학교폭력의 형태로 자리 잡으면서 학교폭력의 발생 건수는 더 늘어만 갔다.

1980년대 이후 일본의 초등학교, 중학교, 고등학교에서는 지속적으로 학교폭력이 증가하였다. 1997년 이후 초등학교가 통계 조사에 포함된 후 초등학교에서의 폭력 행위는 꾸준한 증가 추세에 있으며, 2014년에 처음으로 1만여 건을 넘어섰다. 이는 중고등학교에서의 증가율에 비해서도 높은 수치다.

1998년에 일어난 고베시 중학생의 연속 아동 살상 사건, 오키나와의 중학생 동급생 살인 사건, 2004년 나가사키 초등학교 동급생 살상 사건 등 일본 사회를 경악하게 만든 살인사건 모두 중학생이나 초등학생에 의해 일어났다는 사실은 충격을 더한다.

2006년에 중학교의 학교폭력 건수가 기하급수적으로 증가한 것은 기존에 통계 대상이었던 공립학교에 사립학교를 추가해서 조사를 행한 결과라고 볼 수 있다. 문부성에 따르면 일본에서 학교폭력의 전체 비율은 2009년까지는 꾸준한 증가세를 보이다가 2010년부터는 점차적으로 감소하는 것으로 보고되었다.[42]

다만 여학생들의 학교폭력 비율은 2010년 이후에도 꾸준히 늘어나고 있다. 일본에서 여학생의 학교폭력이 급증한 시점이 중고등학

---

42 文部省 (2015). 平成26年度児童生徒の問題行動等生徒指導上の問題に関する調査

생의 핸드폰 사용이 급증한 2007~2008년의 시기와 일치하는 것은 우연이 아니다. 여학생들의 학교폭력은 주로 언어폭력으로 이루어지며 그 중에서도 사이버 공간이나 SNS을 통해서 피해 학생에게 심리적 정신적 고통을 주는 경우가 많아 '라인이지메(LINEいじめ)'라는 표현이 등장할 정도다. 사이버 학교폭력은 교사나 학부모의 눈을 피해 은밀하지만 24시간 내내 이루어질 수 있는데, 그 양상이 폭력이 아닌 것처럼 여겨지는 것이 더 심각한 문제라 할 수 있다.

일본에서는 '3초룰(3秒ルール)'이라는 신조어까지 등장했는데, 바로 메시지를 받은 즉시 3초 안에 답장을 하지 않으면 그룹에서 소외되어 나중에 따돌림이나 이지메까지 연결될 수 있다는 것이다. 그뿐만 아니라 한국의 '왕따 클럽'같이 일본에서도 '학교 비공식 사이트(学校非公式サイト)'를 통한 학교폭력 및 이지메 사례가 많이 보고된다. 친구에 대한 부정적인 소문을 만들어 퍼뜨리거나 특정 신체 부위를 강조한 사진을 올리거나 욕을 올리거나 하는 등의 행태를 통하여 결국에는 피해 학생을 자살까지 몰아간 사건도 발생했다.

일본에서는 학교폭력의 정의를 '아동 지도상의 제문제(生徒指導上の諸問題)'에서 나타나는 사안에 한정하여 크게 네 가지로 구분하는데, 첫 번째는 학교 내에서의 교사 및 다른 학생에 대한 폭력 및 기물파손이다. 두 번째는 '이지메'로서 "학생이 일정한 관계에 있는 사람(급우)으로부터, 심리적, 신체적 피해를 입어 정신적 고통을 느끼는 것으로 정의"한다.[43] 세 번째는 다양한 사회 경제 심리적 이유로 학생이 무단결석 하는 것으로서 일본어로는 '부등교(不登校)'로 표현된다. 네 번째는 가장 극단적인 형태인 학생의 '자살'이다. 이 정의가 사람과의 관계에 대한 대인적 정의라면, '학교 내(內) 폭력', '학교 외(外) 폭력'으로 나눈 장소적 정의도 있다.

특별히 국내외적으로 일본의 학교폭력의 대표적인 형태로 알려진 이지메에 대해서 일본의 교육학자인 마쓰우라 교수는 "일본 사회에서 이지메는 오래 전부터 존재해 온 현상으로 동일 연령 집단 내부에서 동성의 친구들 사이에서 많이 발생하며, 그 장소는 학교에 국한되는 경향이 있음을 지적하고 일원적 경쟁가치를 추구하는 일본의 교육풍토가 이지메를 낳은 주된 요인"이라고 주장한다.[44]

이와 같이 이지메는 일본에서 만연한 집단적 폐쇄성으로 말미암아 만들어진 집요한 괴롭힘으로써 피해자에게 씻을 수 없는 정신적 심리적 고통을 안겨 준다는 점에서는 서양의 bullying과 그 개념이 비슷하지만 피해 학생으로 하여금 집단에 순응하게 하거나 집단에서 배제시킨다는 점에서는 다르다. 또한 한국의 왕따 개념과도 다른데 한국의 왕따가 한 학생에 대한 학급의 전체적인 따돌림이라면, 일본의 이지메는 학급 내 작은 그룹 내에서 친했던 아이들이 상황에 따라 따돌리고 괴롭히는 형태로 나타난다.

이렇게 학교가 가지고 있는 획일적인 집단주의에서 기인한 이지메의 특성에 기반 해 일본에서 이지메 연구의 일인자로 알려져 있는

---

43 정재준 (2012). 학교폭력 방지를 위한 한국 · 일본의 비교법적 연구. 법학연구, 53(2), 79-108. 80쪽.

44 이진아 (2019). 한일 학교폭력 실태 비교 연구. 경상대학교 논문. 6쪽.

메이지대학의 나이토 아사오(內藤 朝雄) 교수는 가장 단기적이고 효율적인 대응책으로 '학급 제도에 대한 폐지'를 주장한다.

사회에서 만나는 다른 여타의 공동체와는 달리 학교는 20~30명의 학생이 1년 동안 정해진 좁은 공간에서 하루에 7~8시간에 달하는 시간을 같이 보내야 한다. 이러한 학교의 폐쇄적인 공간적 특성이 일본의 집단주의 문화와 만나 왜곡되고 폭력적인 문화로 진화한 것이 바로 이지메라는 것이다. 따라서 학생들이 과목에 따라 자율적으로 학급을 바꾸면서 새로운 친구를 사귈 수 있게 해 주는 환경 자체가 이지메의 확률을 낮춰줄 수 있다는 것이 아사오 교수의 주장이다.

물론 다소 극단적인 주장이긴 하지만 아사오 교수의 대안은 학교폭력과 학교라는 공간의 폐쇄성이 밀접한 관련이 있다는 점에서 그리고 학교폭력의 원인을 분석함에 있어서 학교의 특수적 장소적 특징을 연구해야 한다는 점에서 우리에게 시사 하는 바가 크다.[45]

일본의 이지메는 많은 경우 언어폭력의 형태로 나타나고 있는데, '기분 나빠(きもい)', '짜증나(うざい)', '더럽다(汚い)' 같은 극단적인 감정의 표현으로 상대방에게 상처를 주거나 상대방의 약점을 잡아 '뚱보(デブ)', '세균(バイ菌)', '가난뱅이(貧乏)' 같이 놀리거나 하는 행위를 포함한다. 더 큰 문제는 특별한 이유 없이 장난으로 하는 경우도 많다는 것이다. 이러한 점 때문에 일본 정부는 이지메 사건을 철저히 피해자의 입장에서 헤아릴 것을 법적으로 규정하고 있다.

---

45 内藤朝雄, いじめの構造―なぜ人が怪物になるのか, 講談社, (2009). まず即効的な短期 的政策を述べ(第1節): pp. 3-7.

「이지메방지추진법(いじめ防止推進法)」에서는 '해당 학생이 일정의 인간관계가 있는 사람으로부터 심리적·물리적인 공격을 받은 것에 의해 정신적인 고통을 느끼는 것'을 이지메로 규정하고 있는데, '폭력이 일어난 장소는 학교 내외를 가리지 않으며 개개의 행위가 이지메에 해당하는지의 판단은 표면적 형식적으로 행하지 않고 이지메를 당한 학생의 입장에서 판단한다.'라고 명시하고 있다.

이러한 피해 학생 중심의 해석은 신체적 폭력의 정의에도 영향을 준다. 예컨대, 어깨를 툭툭 치는 행위나 밀치는 행위 등의 가벼운 신체폭력도 이지메에 포함되는데, 이는 처음에 가벼운 신체폭력으로 시작한 사건이 심각한 신체 폭력으로 발전할 가능성이 많기 때문이다.

우리나라에서도 학교폭력이 일어나는 많은 경우가 '호기심' 혹은 '심심해서' 등 가해자 입장에서는 대수롭지 않은 동기에서 장난스럽게 시작되는 경우가 많다. 특히나 우리나라는 남학생의 싸움이나 신체적 접촉에 대해서 관대한 편인데, 경중에 상관없이 폭력에 허용적인 문화는 학생들이 상대적으로 폭력적인 상황에 노출될 수 있는 가능성을 높일 수밖에 없다. 따라서 가해자의 의도나 동기뿐만 아니라 피해자가 느끼는 심리적 충격이나 감정을 고려하여 '가벼운 신체폭력'도 학교폭력 범주 안에 넣는 것은 학교폭력을 조기 단계에서 예방한다는 측면에서 효과적일 수 있다.

학교폭력 관련하여 일본에서는 학생 간의 폭력뿐만 아니라 교사에 대한 폭력이나 반항도 심각한 사회 문제가 되고 있다. 이런 현상과 관련하여 일본에서는 '몬스터 칠드런(monster children)'이란 신조어까지 만들어졌다. 몬스터 칠드런은 교사에 대해 심각하게 반항하고 교활하고 괴롭히는 아동을 가리키는 단어인데, 반항기에 있는 중고등학교 청소년이 아니라 자기중심적으로 행동할 뿐만 아니라 교사나 학교의 약점을 간파해 교활하게 행동하는 아이들을 총칭한다. 다음은 몬스터 칠드런의 대표적인 행동이다.[46]

1. 학교나 교원의 지도에 대하여, "네? 의미를 모르겠어요."를 연발한다.

2. 자신이 학급담임으로부터 부당한 취급을 받았다고 느끼면 부모나 관리직 등 담임보다 강한 입장에 있는 사람에게 이른다고 위협한다.

3. 자리 바꿈, 시험 정렬 등 일정한 룰이 있는 상황에서 부정을 한다. 부정을 막을 수 없었던 것은 교원의 지도력 부족이라고 탓한다.

4. 하찮은 것이라도 주의를 주면 '시끄러워', '못 하겠어요' 등의 반항적인 태도로 돌변한다. 게다가 주의를 주면 목소리를 거칠게 하고, 더 심하면 의자를 휘두르는 등의 폭력을 휘두른다.

5. 수업 중에 책상 위에 올라서고 내려오라는 교사에게 폭력을 가하는 끝에 '내가 떨어져서 죽어도 좋아?'라고 소리친다.

6. 복도를 돌발적으로 달리거나 다른 아동이나 학생들에게 폭력을 휘두른다.

---

46 공병호 (2012). 일본의 교내폭력, 이지메 동향과 대책 시스템의 전개, 한국일본교육학연구, 17(1), pp. 39-53, 51쪽.

이런 몬스터 칠드런의 배후에는 '몬스터 페어런트(monster parent)'
가 자리잡고 있다. 모순적이게도 몬스터 페어런트가 된 세대는 그
자신이 학창시절에 극성했던 이지메의 피해를 입었던 세대로 "그 일
부에는 교사에게서 이지메를 받은 사람도 있다. 때문에 옛날과 같이
교사를 성직시하는 풍조는 없고, 오히려 교사라고 하는 직업의 인물
에 대한 편견 멸시나 불신감을 가진 부모가 증가하고 있다(공립학교에
서는 공무원에 대한 반감 불신과도 상당히 관련된다)."⁴⁷ 이렇게 기본적으로 학
교에 불신을 가진 학부모는 문제가 생길 경우 교사뿐만 아니라 직원
에게 불평을 하고. 학교장이나 교육청에 압박을 넣어 불합리한 요구
를 하는 경우가 많다. 이런 몬스터 페어런트가 극성을 부리자 도쿄
교육위원회에서는 이 문제를 해결하기 위한 전담 부서를 설치하기
도 했다.

　이처럼 학교에서 교사의 권위 추락과 증가하는 교사에 대한 반항
과 폭력 등은 사실 우리나라에서도 심각한 문제이다. 따라서 이런

---

47 위의 논문, 51쪽.

현상과 관련 지어 학생의 배후에 있는 학부모의 배경이나 양육에 대해서도 사회적인 관심을 가질 필요가 있다.

우리나라에서도 최근에 한 학교의 운동팀의 학교폭력과 관련해 가해자의 부모가 교사에게 학교의 방침에 대해 항의를 하고 피해자에 대한 나쁜 루머를 퍼뜨려서 오히려 피해 학생이 전학을 가는 상황이 벌어지기도 했다. '몬스터 패밀리(monster family)'가 사회적인 현상이 될 정도로 상황이 심각해지기 전에 학생들에 대한 지도 관리 전에 학부모와 가정에 대한 관리와 교육이 어느 때보다 절실하다. 이를 위해 학교뿐만이 아니라 지역사회 공동체와 관심 있는 전문가들과 연계해 학교폭력 예방 및 관리를 위한 가정교육 및 학부모 연계 프로그램이 도입되어야 한다.

8장

우리나라의 학교폭력
대처 방안

우리나라의 학교폭력 관련 법률

우리나라의 학교폭력에 대한 법률적 근거는 2004년에 제정한 '학교폭력 예방 및 대책에 관한 법률'에 있다. 이 법률에서는 학교폭력을 "학교 내외에서 학생을 대상으로 발생한 상해, 폭행, 감금, 협박, 약취, 유인, 명예훼손, 모욕, 공갈, 강요, 강제적인 심부름 및 성폭력, 따돌림, 사이버 따돌림, 정보통신망을 이용한 음란, 폭력 정보 등에 의하여 신체, 정신 또는 재산상의 피해를 수반하는 행위"(제2조 제1호)로 정의하며, 법률의 목적을 "학교폭력의 예방과 대책에 필요한 사항을 규정함으로써 피해 학생의 보호, 가해 학생의 선도, 교육 및 피해 학생과 가해 학생 간의 분쟁 조정을 통하여 학생의 인권을 보호하고 학생을 건전한 사회 구성원으로 육성"하는 것으로 규정한다.

또한 이 법률에서는 따돌림을 "학교 내외에서 2명 이상의 학생들이 특정인이나 특정 집단의 학생들을 대상으로 지속적이거나 반복적으로 신체적 또는 심리적 공격을 가하여 상대방이 고통을 느끼도록 하는 일체의 행위"(동법 제2조 1의2)라고 보았다.

이후 9차례 개정을 거치면서 사이버 따돌림을 "인터넷, 휴대전화 등 정보 통신기기를 이용하여 학생들이 특정 학생들을 대상으로 지속적, 반복적으로 심리적 공격을 가하거나, 특정 학생과 관련된 개인 정보 또는 허위 사실을 유포하여 상대방이 고통을 느끼도록 하는 일체의 행위"(제2조 1의3)로 규정하고, 학교 밖 청소년을 대상으로 하는 폭력 행위 등을 포괄하는 등 학교폭력의 정의를 넓혀 왔으며, 가해학생의 기록을 학생생활기록부에 기재하게 하는 등 가해자에 대한 처벌을 강화하는 방향으로 변화해 왔다.

「학교폭력 예방 및 대책에 관한 법률」은 가해 학생의 처벌보다는 피해 학생의 '보호'를 그리고 폭력에 대한 처벌보다는 폭력에 대한 '예방'을 중시한다는 기본 기조를 유지하고 있다. 2011년에는 학교폭력대책자치위원회에 대한 개정이 이루어졌는데, 위원의 과반수이상을 학부모로 하고 회의 결과 공개를 허용하며, 학교폭력과 관련된 학교의 정책을 심의 및 중재 기능을 갖게 하는 등 권한과 자율성을 강화하는 방향으로 나아가고 있다.

어울림 프로그램과 어깨동무 활동

학교폭력에 대한 예방과 조치를 위한 법률적 근거 마련과 함께 정부에서도 학교폭력 예방을 위한 다양한 프로그램을 만들었는데, 그중 대표적인 것이 한국청소년정책연구원 산하 학교폭력예방교육지

원센터의 '어울림 프로그램'이다.(stopbullying.re.kr)

어울림 프로그램은 학교별 여건을 고려해 연간 56~71시간 이내로 교과 및 창의적 체험활동 시간 등에 운영되어 편성되는데 일반학생을 대상으로 기본적 수준의 예방 교육을 목표로 한 기본 프로그램과 학교폭력 가해와 피해 우려가 높은 관심 군 학생 대상 예방교육인 심층 프로그램, 2015년 개정 교육과정과 연계한 프로그램 세 가지로 나뉜다. 그리고 초등 저학년/초등 고학년/중등/고등 네 단계 학교급별로, 학생용, 부모용, 교사용으로 쉽게 교육과정을 따라할 수 있도록 세분화된 매뉴얼을 제공한다.

이 프로그램의 특징은 학교폭력 예방을 위한 학생들의 역량 강화를 목표로 한 것인데, 공감/자기 존중감/의사소통/감정 조절/갈등 해결/학교폭력 인식 및 대처 등 6대 핵심 역량으로 나누어 다양한 활동을 통해 학생들이 학교폭력에 대한 문제 해결력을 증진시키고자 했다. 사이버 학교폭력의 증가와 함께 사이버 어울림 프로그램도 만들어졌는데 기존 프로그램의 6대 역량을 사이버 공간에서 구현하고 사이버 자기 조절 및 인터넷 윤리 의식과 활용에 대한 교육을 추가하였다.

어울림 프로그램과 연계하여 학생으로 하여금 주체적으로 학교폭력 예방 활동을 진행하여 안전한 학교 문화를 조성하고자 하는 목표로 만들어진 '어깨동무 활동'이 있다. 이는 학교자치위원회 등 학생 주도 활동으로 이루어지는데, 주로 또래 활동 프로그램 및 또래 상담, 언어폭력 및 언어 문화 개선 활동, 회복적 생활 교육 활동, 평화

교육 활동 등으로 이루어진다.

또래 활동 프로그램은 초등학교 고학년/중학교/고등학교 학교 급별 6차시로 짜여 있으며 1. 친구 알기(우정 지키기 마음으로 듣기), 2. 친구와 소통하기(마음 전달하기 어려움에 처한 친구 돕기), 3. 친구 되기(사과 개념 이해 및 사과 방법 익히기) 등 세 단계 프로그램으로 구성된다.

다음은 어울림 프로그램과 어깨동무 활동을 활용하여 단위학교에서 학교폭력 예방 교육 프로그램을 운영하는 체계를 정리한 것이다.

[단위학교 학교폭력 예방 교육 체계]

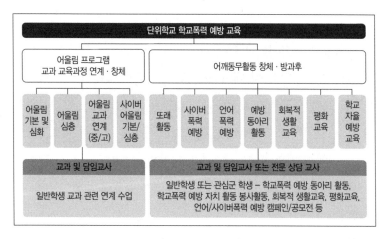

출처: 교육과정 안에서 학교폭력 예방을, 서울교육 2019년 가을호 (236호) – 서울교육(webzine-serii.re.kr).

지방 교육청의 학교폭력 예방 프로그램

각 지방 정부 및 교육청에서도 학교폭력과 관련하여 다양한 프로그램을 개발 중인데, 2014년에 전국에서 처음으로 개발된 전라남도 교육청의 "학교폭력 예방 매뉴얼 및 지도안"이 대표적이다. 학교폭력을 5개 유형별로 나누어 맞춤형 예방 활동 프로그램과 교수·학습 지도방안을 만들었으며, 초등과 중등용으로 구분해 언어폭력, 사이버 폭력, 성폭력, 집단 따돌림, 폭력 서클 등 사안에 대한 구체적인 대응 방법을 담았다.

다음의 표는 "학교폭력 예방 매뉴얼 및 지도안"의 구성이다.

[학교폭력 예방 매뉴얼 및 지도안]

프로그램 명	프로그램 내용
언어폭력 프로그램	서로를 높여 줘요 욕 버리기 프로젝트 욕은 우리를 병들게 해요. 그린 언어 프로젝트 말 무덤&훈민정음 놀이
사이버 폭력 프로그램	인터넷 웹툰(악플 게임)을 활용한 활동 악플러의 보디가드가 되어라! 연예인의 보디가드가 되어라! 스마트폰을 활용한 활동 클래스팅을 활용한 UCC 경연 대회
성폭력 프로그램	신문, 잡지를 이용한 성폭력 예방 표어 꾸미기 가요를 이용하여 성폭력 예방 가사로 바꿔 부르기 성폭력 예방 관련 단어로 이야기 만들기 성폭력 예방을 위한 모둠퀴즈 내기 만화를 이용한 성폭력 예방

집단 따돌림 프로그램	티끌 모아 태산 친구 탐구 보고서 서로의 장벽을 허물어라! 방관자를 방어자로 바꾸기 신체 활동을 통한 따돌림 교육
폭력 서클 프로그램	학생 자치 법정 역할극 소통 및 신고 또래 상담

출처: 전라남도교육청 (2014).

성남시청소년재단에서 운영하는 '평화학교' 프로그램은 민주시민 교육을 학교폭력 문제와 연결시킨 사례이다. 초등학교에서는 언어 문화 개선을 위한 프로그램을 실행하고 중고등학교에서는 더불어 사는 시민 인권 및 참여 문제에 대해 논의하는 프로그램을 실행한 다. 성남시에 있는 청소년 수련관을 위주로 운영하는데, 학교폭력 유 형에 언어폭력의 빈도가 높은 만큼 학생들에게 언어가 가진 힘과 가 치를 알리고 민주시민으로 성장하고자 하는 인식을 고취하고자 하 는 목적을 가지고 있다.

상담전화 117 센터

학교폭력 문제 해결을 위해 예방 프로그램 못지않게 중요한 것이 바로 피해 학생을 위한 상담이다. 우리나라에서는 연중무휴 24시간 전화로 상담을 받을 수 있는 학교폭력 신고상담센터가 있다. 전화로

117만 누르면 되는 117센터다. 117센터는 학생들도 많이 알게 되어서 하루 300건 이상의 사건이 접수가 되며 상담이 이뤄지고 있다고 한다.

실제로 푸른나무재단(청소년폭력예방재단)에서 2012년 실시한 전국 학교폭력 실태 조사에 따르면 학생들이 생각하는 가장 효과적인 학교폭력 관련 도움 요청 방법 1순위는 '117 경찰에 신고한다(31.6%)'로 '담임선생님에게 알린다(29.7%)'보다 높게 나타났다.[1] 이처럼 학생들이 담임선생님이나 학부모 등 가까운 사람에게 피해 사실을 알리는 만큼이나 117센터에 알리는 수치가 높다는 사실은 왕따나 집단 괴롭힘 같은 학교폭력의 특성과 관련이 있다.

실제로 학교폭력 사실을 담임선생님과 학교에 알려 가해자가 전학을 가더라도 지속적으로 학교에 와서 피해 학생을 괴롭히는 사례도 있었고, 때로는 담임선생님께서 대수롭지 않게 여겨 오히려 피해 학생이 2차로 피해를 받는 경우도 발생한다. 따라서 이렇게 사각지대에 놓인 아이들이 마지막 대안으로 상담을 받을 수 있는 117센터와 같은 창구가 많이 늘어나야 하며, 양적인 증가와 함께 전문 상담자의 질을 높이는 방안도 강구되어야 한다.

그뿐만 아니라 피해 학생들에게도 집단 폭력이나 왕따 위험에 처했을 때 수동적으로 행동하는 것이 아니라 117에 신고를 하겠다는 의지를 분명히 보여 주고 대응할 수 있도록 가르쳐야 한다. 실제로

---

1   https://m.blog.naver.com/bakbht/185850015

학교폭력 가해자가 가장 두려워하는 것이 117센터를 통해 고발되어 법정에 서는 것으로 드러났기 때문이다.[2] 또한 주변에 방관하고 있는 아이들도 이러한 117 신고 상담 제도를 적극적으로 사용하여 피해 학생을 돕는 도구로 사용할 수 있도록 해야 한다. 사태의 경중이 심각한 경우에는 학교에서 학교폭력자치위원회를 소집하고 117 신고 센터를 통해서 경찰 조사를 의뢰할 수도 있다.

학교장 통고제도와 화해권고제도

학생이 학교폭력 사실을 알리는 방식은 117에 연락을 할 수도 있고, 선생님이나 학부모를 통해 신고가 이루어진다. 학교 내 선생님이나 다른 학생이 학교폭력 사실을 알게 된 경우 학교장에게 보고하고 피해 학생에게 알려야 하는 의무가 생기며, 48시간 내에 교육청에 사안에 대한 보고가 이루어져야 한다.

학교폭력이 접수되면 학교에서는 교감 선생님, 전문 상담 교사, 보건교사, 책임 교사, 학부모 등으로 구성된 학교폭력전담기구가 관계 조사에 나선다. 전담기구의 책임 교사는 조사 내용을 바탕으로 보고서를 작성하며, 이 단계에서 학교장이 사안을 학교 자체적으로 해결할지 아니면 교육지원청의 심의위원회에서 조치를 취할지 결정한

---

2   SBS 스페셜 제작팀 (2013). 『학교의 눈물』, 프롬북스, 327쪽.

다. 이때 피해 학생과 학부모가 학교폭력대책심의위원회를 열지 않길 원하거나 다음의 조건을 충족할 경우 학교장이 교육적인 방법으로 해결할 수 있다:

1. 2주 미만의 신체 또는 정신상의 피해가 있을 경우.
2. 재산상 피해가 없거나 복구된 경우.
3. 지속적인 사안이 아닌 경우.
4. 보복 행위가 아닌 경우.

만약 위의 조건을 벗어나는 경우에는 교육청이 21일 이내에 학교폭력대책심의위원회를 열게 된다. 심의위원회는 피해 학생을 보호하고 가해 학생과의 분쟁을 조정하고 갈등을 해소하는 것이 주된 목적으로, 사안이 학교폭력에 해당하는지 아닌지를 판단한다. 학교폭력에 해당할 시 가해 학생에 대한 선도 조치와 피해 학생에 대한 보호조치를 의결하여 당사자에게 통보한다.

조치 결정에 대해 이의를 가진 가해/피해 학생과 보호자는 그 결정이 있는 날부터 180일 이내에 행정심판 또는 행정소송을 제기할 수 있다.(학교폭력예방법 제17조의2 제1, 2항)[3]

만약 학교가 아니라 경찰을 통해 학교폭력이 신고 되는 경우에도 (성폭력일 경우 교사는 반드시 수사기관에 신고를 해야 할 의무가 있다) 동일하게

---

3   한국교육학술정보원 (2021).『학교폭력 사안처리와 상담사례』, 7, 8쪽.

학교는 경찰 수사와는 별도로 위와 동일한 과정을 걸쳐야 한다. 다만, 경찰 조사 과정이 피해 학생에게 심각한 해를 입힐 수 있다 판단되면 학교장통고제도를 이용할 수도 있다.

학교장통고제도는 "보호대상이 되는 소년(가해자)을 발견한 학교, 사회 복리시설, 보호관찰소의 장이 경찰이나 검찰을 거치지 않고 관할 소년부에 직접 통고하는 제도(소년법 제4조3항)"로서, "통고를 받은 학생은 법원의 화해권고위원회, 심리 상담 전문가의 전문가 진단 및 심리 상담, 4주간의 소년 분류 심사 위탁 등의 과정"을 거치게 된다.[4] 학교장통고제도는 경찰의 수사 단계를 거치지 않아서 기록에 남지도 않고 피해 학생과 가해 학생의 접촉을 최소로 하기 때문에 감정적인 후유증을 막을 수 있는 제도이다.

피해 학생과 학부모가 원만한 해결을 원하는 경우 화해권고제도를 이용할 수도 있다. 화해권고제도에서는 화해권고위원이 가해 학생이 진심으로 피해 학생에게 사과를 하고 용서를 빌어서 법정의 최종 판결 전에 화해할 수 있도록 중재하는 역할을 맡는다. 그럼에도 불구하고 아직까지 우리나라에서 화해권고제도를 활용하는 경우가 많지 않을 뿐 아니라 이용하는 데 많은 어려움이 있다.

'호통 판사'로 알려진 천종호 판사는 다음과 같이 이야기한다:

"더 멀어지기 전에 누군가 양쪽 손을 붙들고 관계를 끌어줘야 하는

---

4   SBS 스페셜 제작팀 (2013). 『학교의 눈물』, 프롬북스, 329쪽.

데 자발적으로 이루어지기가 참 어렵거든요. 그렇다면 공정한 입장에서 편견 없이 조정해 줄 갈등 조정 전문가가 필요한데요. 아직까지는 사회에서 그런 전문적인 소양을 가진 분들이 많지 않고 학교 내에서도 그런 역할을 할 수 있는 분들이 적습니다. 그러다 보니깐 이제 갈등이 초기에 봉합되기란 더욱더 어려워진다고 보입니다."[5]

천종호 판사가 지적한 바처럼 우리나라에서 학교폭력 해결과 예방을 위해 가장 시급하게 마련되어야 할 전문가 집단 중 하나가 바로 학생들 간의 갈등을 조기에 봉합하고 갈등이 터졌을 경우에도 피해 학생뿐만 아니라 가해 학생의 입장도 고려해서 진정한 사과와 용서가 있는 대화를 이끌어낼 수 있는 중재 및 관계 전문가(mediation and relationship expert)이다.

갈등은 결국 관계의 역학 안에서 일어나기에 학생들 간의 미묘한 심리적 관계를 잘 파악하고 이해하며 이를 충돌이 아닌 대화로서 풀어낼 수 있는 중재자 및 상담자들이 절실하게 필요하다. 무엇보다 학교폭력의 피해를 당한 학생은 심리적 충격이나 후유증이 너무 크기 때문에 장기적인 회복을 위해서 이와 같은 전문가의 상담을 받고 심리 치료를 하는 것이 큰 도움이 될 수 있다.

---

5   SBS 스페셜 제작팀 (2013). 『학교의 눈물』, 프롬북스, 54~55쪽.

학교 분위기가 달라지면 바뀌는 것

정부 주도의 거시적인 제도와 프로그램도 중요하지만 무엇보다 학교폭력 예방과 처리를 주도해야 하는 기관은 학교와 그 학교를 이루는 구성원이다. 학교 내에서 대다수의 학생은 학교폭력이 발생하는 상황에서 학교폭력 피해자도 가해자도 아닌 '방관자'로 머물러 있다. 이들이 방관자가 아닌 피해 학생을 위한 '조력자'로 변화하기 위해서는 학교와 학급의 분위기가 중요하다.

담임선생님이 피해 학생과 가해 학생에게 어떠한 태도를 보이는지, 학교에서는 학교폭력 예방 및 처리 사안에 대해서 구체적으로 어떻게 다루는지 대다수의 학생들은 직간접적으로 관찰하고 있다. 따라서 학교에서 대다수의 학생들이 피해 학생에 대한 공감을 할 수 있도록 장려하고 어떻게 도울 수 있을지 생각할 수 있는 기회를 가지는 과정이 꼭 필요하다.

다음은 『디자인 씽킹 수업』 책에서 나온 학교폭력 관련 '나는 너를 응원해' 프로젝트의 예시로 학생들로 하여금 학교폭력 예방을 위해 '공감 능력'을 기를 수 있게 하는 것을 골자로 하고 있다.[6]

OECD 연구에 의하면 이렇게 긍정적인 분위기를 만들어 주는 것이 효과적인데, 나쁜 훈육 분위기(poor disciplinary climate)를 가진 학교의 학생들은 그렇지 않은 학교의 학생보다 잦은 학교폭력에 노출될

---

6 우영진 외 (2018). 『디자인 씽킹 수업』, 아이스크림. 270~283쪽에서 나온 프로젝트에 대한 내용을 이 책의 취지에 맞게 편집하였음을 밝혀 둡니다.

너를 응원해 프로젝트

프로젝트 목표: '어떻게 하면 학교폭력의 문제점을 잘 알고 학교폭력을 예방할 수 있을까?'

1단계: 이해하기(학교폭력이란?)

학생들로 하여금 학교폭력을 떠올리면 일어나는 감정이나 생각에 대해서 포스트잇에다가 쓰고 하나씩 붙이고, 비슷한 단어끼리 모으게 하기.

따돌림, 외로움, 무서움, 폭행, 피해자, 가해자 등….

2단계: 공감하기

저학년 학생들은 학교폭력을 연상케 하는 사진을 보고 대화하게 하며 이와 관련된 경험 이야기하기.

Hot sitting: 고학년 학생들은 피해 학생 역할을 맡은 1명의 아이를 선정하여 의자에 앉게 하고 옆에 다른 학생을 앉힌다. 옆에 앉은 학생은 공감의 언어를 사용하여 피해 학생에게 질문을 하고 피해 학생은 답변을 한다. 다른 아이들은 두 아이의 상호작용을 관찰한다.

공감지도 만들기: 피해자, 방관자, 가해자의 입장에 서서 다양한 공감지도를 만들어 보기

3단계: 문제 정의하기

"우리가 어떻게 하면 온라인 폭력을 당하는 친구들이 다른 친구들과 소통하게 할 수 있을까?", "우리가 어떻게 하면 방관자들이 두려운 마음을

버리고 피해자들을 도울 수 있도록 할 수 있을까?" 등의 질문을 던지면서 다양한 아이디어를 생성하고 나누어 본다.

4단계: 문제 해결을 위한 프로토타입 만들기

교실에서 구할 수 있는 찰흙과 같은 간단한 재료들을 활용해 모형을 제작하거나 만화를 그리거나 스토리를 만들어 봄으로써 학교폭력의 상황에 대해 어떻게 도울 수 있을지 직접 표현해 본다.

확률이 7%나 높았다.[7] 또한 PISA 연구에 따르면 학생들이 교사가 자신들을 불공정하게 다룬다고 보고한 학교에서 학교폭력의 비율이 12%나 높은 것으로 나타났다.[8]

학교의 전반적인 분위기는 물론 물리적인 학교의 환경도 영향을 끼친다. 많은 학자들의 연구에 따르면 학교의 규모와 학교폭력의 비율에는 긍정적인 상관관계가 있는 것으로 드러났다.[9] 즉, 학교 규모가 커질수록 학교폭력이 일어날 가능성이 높았다. 그 이유는 학교의 규모가 커질수록 교장이나 교사가 관리하는 학생의 수가 늘어

---

7   UNESCO (2019). Behind the numbers: Ending school violence and bullying. p. 30.
2012년 PISA 조사에서는 훈육 분위기를 측정하기 위해 수업 시간에 얼마나 많은 방해(interruption)가 일어나는지에 대한 문항을 활용하였다.

8   2015년 PISA 조사에서는 공정함을 측정하기 위해 학생들로 하여금 얼마나 많이 교사가 자신들을 엄하게 훈육하는지, 다른 학생들 앞에서 놀리거나 모욕을 준 적이 있는가에 대한 문항을 활용하였다.

9   Amanda S. Birnbaum, Leslie A. Lytle, Peter J. Hannan, David M. Murray, Cheryl L. Perry, and Jean L. Foster (2003). "School functioning and violent behavior among young adolescents: A contextual analysis", Health Education Research: Theory & Practice 18, p. 401.

나면서 개개인의 학생들의 '익명성(anonymity)'이 커지고, '비인격 (impersonality)'적인 학교 분위기가 만들어지기 쉽기 때문이다.[10]

학생들이 깨끗하고 개방적인 환경에서 생활할 수 있도록 학교 공간을 개선하는 것도 학교폭력을 줄이는 데 효과적인 것으로 나타났다. 이와 관련해 대표적인 프로그램은 학교 시설 범죄 예방 디자인 (CPTED: Crime prevention through environmental design)인데 이미 영국, 미국 일본 등지에서 학생 안전을 위한 핵심 전략 중 하나로 광범위하게 활용되고 있다. 우리나라도 서울시가 서울형 학교 CPTED 가이드라인을 개발하여 보급한 후에 중앙 정부 및 지방 자체단체에서 활발히 CPTED 사업을 벌이고 있다.

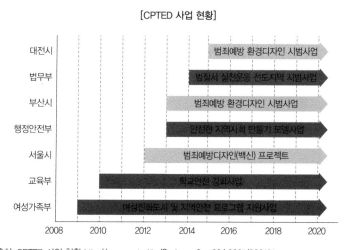

[CPTED 사업 현황]

출처: CPTED 사업 현황 http://www.cpted.kr/?r=home&c=03/ 0301/030101

10 정재준 (2012). 미국의 학교폭력 방지대책. 법학, 53. 545쪽.

예컨대, 교육부에서는 2013년부터 매년 초중고등학교 약 50여 곳으로 대상으로 범죄 예방 디자인 시범적용 학교 컨설팅 사업을 진행하고 있으며, 학교 선생님이 디자인을 하고 전문가가 이에 대해 컨설팅을 해 주는 형식으로 진행되고 있다.

가장 기본적인 변화는 야간에 하교를 하는 학생들을 위해 조명을 설치하고 체육관이나 화장실 출입문을 투시형 구조로 개선하는 등 자연 감시를 강화하기 위한 디자인 등을 설계하는 것이다. 이를 위해 각 학교 당 약 2천만 원 정도의 예산이면 충분하지만 상당히 효과가 있는 것으로 드러났다.[11]

광역자치단체에서도 다양한 범죄 예방 디자인 사업이 진행 중인데 그중에서도 2013년에 서울시가 기획한 '범죄예방환경설계' 프로젝트에 참여해 학교 사각지대 8곳에 인공 암벽과 학생 자율 공연장인 '드림 스테이지' 등을 설치한 공진중학교의 사례도 있다. 범죄 예방 디자인을 도입한 마포구 염리동 같은 경우, 위험하고 어두운 지역을 연결해 운동 코스로 개발한 '소금길' 사례 등을 통해 범죄 예방 효과 및 주민들의 만족도 또한 높게 나타난 것으로 드러났다.

2015년 도봉구 방학중학교 및 인근 통학로에 학교폭력 예방 디자인을 적용한 사례도 있다. Play 공원에는 바둑, 보드게임 등 청소년의 놀거리 설치하고, 청소년들이 지역 어른들을 위해 직접 장기판을 제작하여 공원에 부착하는 등 지역 청소년 주도의 범죄 예방 환경

---

11 범죄예방디자인 연구정보센터 CPTED 사업사례
     http://www.cpted.kr/?r=home&c=03/ 0301/030102

설계 디자인도 눈길을 끌고 있다. 이러한 디자인 도입을 통해 학생 및 주민 만족도가 30% 향상되었으며, 학교폭력에 대한 두려움 및 가해 경험율도 감소되는 것으로 나타났다.[12]

[청소년 문제해결 디자인]

출처: https://news.seoul.go.kr/culture/archives/74830

또 다른 예로 부천서초등학교의 '쓰담스담 프로젝트'가 있다. 초등학교 통학로 담벼락에 약 80m 길이의 벽화를 그려서 학생들이 안전하게 통학할 수 있도록 하였는데, 이를 위해 미술학원 중등부 학생들이 재능 기부를 할 정도로 지역사회의 참여와 관심도 높았다.

비슷한 예로 충암중학교 일대에서 진행된 '별빛으로' 프로젝트가 있다. 학생들을 위한 안심 통학로를 설치했는데 단순히 벽화를 그린 것이 아니라 조명이 설치되어 학생들이 지나갈 때마다 '지켜 줄게', '막아 줄게' 등의 메시지가 보이도록 했다. 이를 통해 "단순 하드웨어 중심이 아닌 긍정적인 언어를 활용한 '소통'과 학생, 부모, 학교 선생님, 지역사회 주민과의 '참여'를 강조하는 소프트웨어 측면"을

---

12 '사회문제 해결을 위한 디자인' 서울특별시 홈페이지.
   https://news.seoul.go.kr/culture/archives/74830

[충암중학교 일대 안심 통학로 설치 사례]

출처: 박성훈 외, 2015. 서울시 학교폭력예방디자인 사업의 정책 활용을 위한 평가 연구.

강조하고자 했다.[13]

이렇게 학교 시설 범죄 예방 디자인(CPTED)에 참여한 학교들은 학생들의 상황을 수시로 파악할 수 있도록 교실 출입문과 창문의 디자인을 투시형으로 개선하고, 교무실에서도 운동장이나 교문이 보이도록 건물 간 이동 통로를 유리창으로 제작하는 등 학교 건물의 구조를 전체적으로 오픈형으로 바꾸는 작업을 진행하고 있다. 그뿐만 아니라 아이들의 정서 함양을 위해 자투리 공간을 레크레이션 공간이나 텃밭 사육장 같은 자연 친화 공간으로 활용하고, 학교와 학교 밖 경계를 분명히하여 학교 영역성을 강화하는 방향으로 학교 공간을 개선하고 있다.[14]

---

13   서울특별시의회, 서울형 학교 CPTED 가이드라인 개발, 2016 서울특별시의회 연구용역 보고서. 29쪽.

14   위의 보고서.

다양한 채널의 필요

이처럼 우리나라에서도 학교폭력을 예방하고 근절하기 위한 법률과 다양한 제도와 프로그램이 존재하며 심리상담에서부터 학교 환경 개선까지 다방면에서 펼쳐지고 있다. 하지만 대부분의 학교폭력 프로그램이 정부 주도로 만들어졌으며 많은 연구도 이러한 프로그램의 효용성을 측정하는 수준에서 그치는 경우가 많다. 따라서 단위 학교의 세세한 필요와 환경에 맞게 만들어진 독특한 프로그램을 보기는 어려우며 각각의 학교폭력과 연관된 복잡하고 특이한 심리적 관계적 요인들을 정확하게 분석하여 그에 맞게 솔루션을 찾아낸 프로그램은 더더욱 찾기 힘든 실정이다.

앞서 다른 나라의 사례에서 본 것처럼 학교폭력에 관한 한 가장 진보적인 정책과 프로그램을 가지고 있는 북유럽처럼 우리나라도 더 많은 민간 기업이나 단체가 학교폭력 관련 사업과 프로그램을 기획하고 실행할 수 있는 기회를 열어 주는 것이 중요하다. 특히 학교폭력에 관한한 모범국인 스웨덴의 사례는 때로는 잘 만든 광고 하나가 학교폭력에 대한 사회적인 인식을 획기적으로 바꾸는 데 기여를 할 수 있다는 사실을 알려 준다. 이런 '창의적인' 광고는 정부 주도의 상의하달식(top-down) 방식에서는 나오기가 힘들기 때문에 민간 주도의 다양한 학교폭력 예방 및 방지 프로그램을 육성해야 할 필요성을 시사한다.

비단 광고뿐만 아니라 학생들 간의 복잡 미묘한 관계를 다루며

'공감', '자존감' 같은 심리적 정서적 문제를 다루는 것은 정말 어려운 일이다. 따라서 거대한 관료 조직보다는 학교와 학교의 주변을 이루는 공동체 그리고 그 안에 사는 사람들(학부모, 교사, 학생)을 가장 잘 이해하는 지역사회 전문가 집단에서 문제 해결책이 나와야 한다.

따라서 학교와 지역 공동체에 관심 있는 학부모와 교육자들이 뜻을 모아 지역사회의 환경을 개선하고, 마을 사람들의 관계를 증진시키는 프로그램의 일환으로서 학교폭력에 대한 이슈에 접근할 필요가 있다. 이를 위해 지역 정부, 민간 기관 및 회사, 교육자, 연구자들이 자신들의 지역사회에서의 학교폭력 문제를 해결하기 위해 함께 논의하고 협력할 수 있는 다양한 소통의 장(場)을 만들어야 한다.

9장

우리가 해결해야 할
과제

처벌보다는 교육적 해결을 목표로

날로 심해져 가는 학교폭력 문제를 해결하기 위해서는 가해자에 대한 더 강력한 처벌을 해야 한다는 목소리가 우리나라에서도 높아지고 있다. 하지만 이러한 목소리에 대해서 경계를 해야 한다. 왜냐하면 이미 무관용 원칙(zero tolerance)에 따라 가해 학생에 대한 강력한 처벌 기준을 마련했던 미국이나 캐나다의 사례에서 보았듯이 학교폭력을 경찰이 개입하는 범죄 문제로 간주한다고 해서 상황이 나아지는 것은 아니기 때문이다.

미국이나 캐나다도 학교폭력 문제를 학생들 사이의 '관계적' 문제로 보고 이를 교육적으로 해결하기 위한 다양한 프로그램 및 제도적 장치를 만드는 방향으로 선회하고 있다. 고무적인 것은 우리나라 정부도 역시 교육적 해결을 강조하는 방향으로 2019년 9월 「학교폭력예방법」이 개정되었다는 사실이다. "개정된 「학교폭력예방법」은 기존 학교의 학교폭력대책자치위원회를 시 · 도 교육청의 교육 지원청으로 이관하고, 학교장 자체 해결제를 도입하여 학교폭력 사안 처리에 있어 화해를 통한 관계 회복과 교육적 지도로 해결할 수 있게 하였다. 이는 학교폭력 예방 및 대응에서 단위학교가 주체적인 역할을 할 수 있는 환경을 마련했다는 점에서 긍정적이다."[1]

이러한 정부의 움직임과는 별개로 학교폭력에 대한 자극적인 기사와 보도가 날로 쏟아지는 상황 때문에 우리나라 사람들이 학교폭력에 대해 가진 인식은 날로 험악해지고 있는 듯하다. 학교폭력과 연관된 기사가 인터넷 포털 사이트에 등장하면 가해자에 대한 엄중한 처벌 및 사회에서의 격리 등 극단적인 조치를 요구하는 댓글로 가득하다. 학교폭력의 실태에 대한 기사와 뉴스는 쉽게 접하지만 이를 근본적으로 어떻게 해결해 나갈지, 피해자뿐만 아니라 관련된 모든 학생들을 회복시킬 수 있는지에 대한 내용은 접할 기회가 많지 않다.

따라서 우리나라 언론도 자극적인 기사를 자제할 뿐만 아니라 학교폭력 문제에 대한 인식 개선 및 해결책 마련을 위한 캠페인 등 긍정적인 방향에서 여론을 이끌어 나가야 할 사회적 책무가 있다. 캐나다의 공영방송인 CBS에서 학교폭력 문제에 대한 해결책을 마련하기 위해 자체적으로 학교폭력에 대해 조사를 하고 관련 학생들 및 교사 그리고 각계 각층 전문가들과의 인터뷰를 심층 보도 형식으로 발표하여 캐나다 사회에 많은 방향을 일으켰음을 주지할 필요가 있다.

---

1   한유경, 궁선혜, 박주형, 엄수정 (2021). 소수 학생 대상 학교폭력 예방 및 대책에 관한 해외 사례 연구: 일본, 캐나다, 영국, 프랑스를 중심으로. 교육과학연구, 52(1), 25~58. 52쪽.

학교폭력 해결의 열쇠, 공감 능력

연구에 따르면 학교폭력 발생 비율이 높은 학교는 "범죄 발생 비율이 높은 도시의 중심지에 있는 대규모의 학교로서 학급 당 학생수가 많으며 전학 등으로 구성원의 변경이 잦고, 학교안전 대책이나 개입이 적절하지 않은 가운데 일관되지 않은 교육정책의 영향을 받고 있는 학교"였다.[2] 따라서 학령인구 감소에 따라 학교와 학급의 규모가 줄어드는 것을 기회로 삼아 학교에서 학생들 간 또한 교사와 학생 간의 유대감(bonding)을 증진시키는 방향으로 학교폭력 문제를 접근해야 한다.

앞서 간단하게 논의한 바 있지만 학교에서의 익명성은 학교폭력을 증가시키며, 반대로 친밀감은 학교폭력을 감소시킨다. 학교의 물리적인 규모 자체가 학교폭력에 연관성을 갖기 보다는 물리적인 환경으로 연유한 학생들 간의 심리적 관계적 간극이 학교폭력 비율과 더 직접적인 연관성을 갖는다고 볼 수 있다. 학생들 사이에 존재하는 심리적 관계적 간극 및 갈등 해결을 위한 두 가지 중요한 교육적 요소는 바로 '공감'과 '평화감수성'이다.

영국 옥스포드 대학과 호주 퀸즐랜드 대학이 2008년부터 시작한 종단 연구(연구 대상의 특성이 시간에 따라 어떻게 변하는지 상당 기간에 걸쳐 연

2　정재준 (2012). 미국의 학교폭력 방지대책. 법학, 53. 546쪽.; W. N. Welsh, "Individual and institutional predictors of school disorder", Youth Violence and Juvenile Justice, 1(4), (2003): p. 305.

구하는 방법)에 따르면 학교폭력 가해자와 피해자 모두 일반 아이들에 비해 공감 능력이 부족한 것으로 드러났다.[3] 연구팀은 2008년부터 2,232쌍의 아이들이 5세, 7세, 12세가 되었을 때 방문 조사 및 면접을 했는데, 아이들이 5세 때 측정한 공감 능력 지수와 12세 되었을 때 학교폭력 및 집단 따돌림 경험 여부를 수치화해서 조사했다.

이 연구에서 유아 시절에 배양한 공감 능력이 나중에 사춘기가 된 후 학생들이 타인의 생각을 이해하고 공감하는 정서적 능력에 영향을 미친다는 것을 밝혀냈다. 이러한 정서적 능력은 4세 때 이미 형성되기 때문에 제때에 이러한 공감 능력을 발달시키지 못한 학생은 학교에 입학하고 생활하면서 상황에 따라 다른 사람에게 적절한 태도나 말을 할 수 없게 되고, 이것이 화근이 되어 학생은 결국 따돌림이나 괴롭힘의 상황에 놓인다는 것이다.

특별히 연구진은 공감에 대한 개념을 '마음 이론(Theory of Mind)'을 써서 정의했다. 발달심리학에서 이야기하는 마음 이론에 따르면, 학생은 욕구, 신념, 의도, 지각, 정서, 생각을 포함하는 자신의 마음뿐만 아니라 타인의 마음에 대해서도 헤아리게 되면서 반성적 사고를 할 수 있게 되며 사고와 관계의 본질에 대한 더욱 더 성숙한 태도를 가지게 된다는 것이다.

이러한 마음 이론은 심리학뿐만 아니라 서양철학의 뿌리 중 하나

---

3   Shakoor, S., Jaffee, S. R., Bowes, L., Ouellet-Morin, I., Andreou, P., Happé, F., Arseneault, L. (2012). A prospective longitudinal study of children's theory of mind and adolescent involvement in bullying. *Journal of child psychology and psychiatry*, 53(3), 254-261.

인 윤리학에서도 광범위하게 논의되고 발전된 개념으로 18세기 윤리학자들은 이를 '동정적 태도'라고 불렀다. 계몽주의의 선구자인 데이비드 흄은 『인간 본성에 관한 연구』에서 "인간이 가진 특성 중에서 그 자체만을 보나 결과적 측면을 보나 타인에게 동정을 보내려고 하는 성향, 즉 상대의 취향이나 감정 등이 나와 다르거나 정반대일지라도 소통을 통해서 그것을 수용하려는 성향만큼 놀랄 만한 것은 없다"라고 주장했다.

또한 『국부론』을 써서 '자본주의의 아버지'라고 불리는 아담 스미스도 '동료 의식'을 강조했는데, 『도덕적 정신이론』에서 어떤 행동이 윤리적인가를 파악하기 위해서는 다른 사람이 그 행동을 어떻게 생각하는지에 대한 공감 능력이 기본이 되어야 한다고 설파했다. 근대 철학의 아버지라고 불리는 임마뉴엘 칸트도 공감 능력이야 말로 '공정(fairness)', '정의(justice)'와 같은 보편적인 도덕 원칙들의 기본이 된다고 다음과 같이 설명했다:

"예를 들면, 이 사회의 도덕적 조건을 사회가 약자와 가난한 자, 고통 받는 자들을 어떻게 대할 것이냐에 따라 판단해 볼 수도 있다. 아마도 공정한 경쟁과 정의의 성립이 대다수가 살고 싶어 하는 세상의 기준이 될 가능성이 높다. 그러므로 공감적이고 이성적인 시민은 상냥함과 정의로운 행동을 장려할 것이고, 그 상냥하고 정의로운 행동이 좋은 사회를 만들어 갈 것이라고 주장할 수 있다."[4]

4   데이비드 호우 저, 이진경 역 (2013). 『공감의 힘』, 지식의 숲, 233쪽.

이처럼 '동정심', '동료 의식', '마음 이론' 등으로 다양하게 표현될 수 있는 공감 능력은 어릴 적부터 지속적으로 키워 주어야 도덕적인 인간으로 자라날 수 있다.

미국의 저명한 심리학자인 폴 블룸(Paul Bloom) 예일대학교 교수는 아기들이 출생할 때부터 공감, 동정과 같은 정서적 능력을 갖고 태어나며 이것이 바로 인간이 가진 도덕성에 대한 기본이 된다고 주장한다.[5] 태어난 지 3개월밖에 되지 않은 아기들도 다른 사람을 도와주려고 하는 캐릭터와 다른 사람을 방해하는 캐릭터에 다르게 반응한다. 아이들이 타고 태어난 이런 도덕성을 지속적으로 발전시켜 주는 것이 중요한데, 폴 블룸은 저서 『데카르트의 아기』에서 다음과 같은 방법을 제기한다:

- 다른 사람들과의 접촉을 늘려 주기
- 다른 사람들과 서로 주고받는 관계, 도움을 주는 상황 등을 만들어 상호작용을 하게 만들기
- 이전 세대의 도덕적 기준이나 관념에 대해 노출해 주고 배우게 하기

결국 타인의 입장에서 바라보고 생각할 수 있는 이러한 공감 능력은 아이가 어렸을 때부터 가정에서 시작해야 하는데 그리 어려운

---

5   Gareth Cook, 'The Moral Life of Babies' Scientific American, Nov. 12, 2013.

것이 아니다. 다양한 동물과 물건들이 의인화가 되어 있는 동화책을 읽어 주면서 나와 매우 다른 입장에서 상상할 수 있는 질문들을 던져 주는 것, 동네를 걸어 다니다가 발견하는 길 고양이나 유기견을 보았을 때 불쌍한 마음을 표현하게 해 주는 것 등의 아주 사소한 행위에서부터 시작할 수 있다. 특히 인문학 교육은 이러한 공감 능력을 키워 주는 데 아주 중요하다.

소설과 시 같은 문학 작품은 '서사적 공감(narrative empathy)'을 불러일으키는데, "상상력을 자극하고 확장"함으로써 "타인의 생각과 감정, 욕망과 동기 등에 대한 통찰"을 갖게 되며, "우리 자신과는 매우 상이한 사람들 – 반대의 성, 다른 인종, 상이한 문화, 이질적 신앙, 선과 악의 문제 등 – 의 경험을 탐색할 기회"를 갖게 된다.[6] 이런 의미에서 도덕적 딜레마와 다양한 갈등 상황에 놓여 있는 문학 작품을 같이 읽으면서 아이와 토론해 보는 것은 그 자체로 아주 훌륭한 교육이 된다.

평화 감수성

공감이 개인적이고 차원에서의 도덕성에 대한 것이라면 '평화 감수성(peace sensitivity)'은 그룹적인 차원에서 확장된 개념이라 볼 수

---

6   데이비드 호우 저, 이진경 역 (2013). 『공감의 힘』, 지식의 숲, 278쪽.

있겠다. 평화 감수성은 문자 그대로 한 그룹이나 그 안의 구성원들이 평화에 대해서 얼마나 민감한지를 개념화한 것이다. 이것을 학교 폭력에 치환시킨다면 '교실 혹은 학교 안에 폭력과 아픔과 차별에 민감하게 반응하는 분위기'이라고 할 수 있는데, 이런 분위기를 갖기 위해서는 무엇보다도 학생 한 명 한 명이 다른 사람을 이해하고 존중해 주는 공감 능력을 갖추는 것이 선행되어야 한다.

'구조적 폭력(structural violence)'라는 개념을 만든 세계적인 평화학자 요한 갈퉁이 한국 사회에 대해 논하면서 "우리와 다르면 잘못되었고 위험하다는 생각을 우리와 달라서 매력적이고 다른 시각에서 들여다 볼 수 있어 좋구나 하는 생각"으로 바꾸는 사고 패러다임의 전환이 어느 때보다 한국 사회에 필요하다고 이야기했다. 즉 남과 나의 '차이'에 대해 좀 더 열린 마음을 가지고 대할 수 있는 것이 바로 평화 감수성의 기반이 된다는 것이다.

평화 감수성 훈련은 교실 안에서도 충분히 이루어질 수 있다. 예컨대, 수학 시험을 볼 때 점수 평가를 단순히 수학 문제를 맞았냐 틀렸냐 가지고만 하는 것이 아니라 '협동 시험'을 보는 것이다. 수학 문제를 풀었을 때 내가 얼마나 다른 학생들을 도와주었으며 무슨 문제에서는 도움을 받았는지에 대해서 에세이를 써서 선생님에게 제출할 수도 있다. 종래의 수학 시험이 문제를 '푸는 것' 자체에 초점을 맞추었다면 협동 시험은 문제를 푸는 '과정'에 초점을 맞추어 아이들이 소통하고 상호 작용하도록 한다. 이렇게 교육과정 속에서 조그만 변형을 준다면 아이들로 하여금 '타협과 협업'을 배우는 분위기로 만들 수 있다. 이것이 바로 평화 감수성이 강조하며 추구하는 바이기도 하다.

'집단 괴롭힘(bullying)'의 정의를 만든 노르웨이의 교육학자 댄 올베우스 교수도 학교폭력을 방지하고 학교 내에서 평화 감수성을 촉진시키기 위해 4대 규칙을 만들기도 했다.

첫 번째, 학생들이 '나는 다른 친구들을 괴롭히지 않을 것이다'라고 다짐하게 만들기.

두 번째, 나만 괴롭히지 않는 게 아니라 만약에 괴롭힘을 당하는 친구가 있으면 돕기.

세 번째, 집단 괴롭힘을 당할 가능성이 높은 외롭게 홀로 있는 친구와 함께하기.

네 번째, 누군가 괴롭히는 것을 보는 순간 가만히 있지 말고 교사, 부모, 학교의 어른들에게 알리기.

이와 같은 4대 원칙을 학교의 교훈처럼 수시로 볼 수 있는 곳에 붙여 놓고 학생들로 하여금 자주 토론하고 이야기해 보게 만듦으로써 자연스럽게 아이들로 하여금 평화 감수성 훈련을 할 수도 있다.

학생들이 교실에서 하는 평화 감수성 훈련은 사회적으로도 조용하지만 큰 파장을 일으킬 수 있다. 올베우스 교수가 한 장기추적 연구에 따르면 초등학교 6학년에서 중학교 3학년 때 학교폭력 가해 경험이 있는 학생 중 69%가 24세 이전에 전과범이 된 것으로 드러났다. 결국 학교폭력의 가해자가 사회에 나가서 잠재적인 범죄자가 될 가능성이 크기 때문에 조기에 학교폭력을 방지하고 평화 감수성 훈련을 하는 것은 사회적인 비용을 줄일 수 있는 장치가 된다.

포괄적인 접근이 필요하다

영국의 평화교육 단체인 '관계적 평화 구축(Relational Peace Building)'이 여학생을 대상으로 한 연구 결과도 평화 감수성과 관계 지향적 교육의 중요성에 대해 다시 한번 생각하게 한다. 사춘기 소녀들 같은 경우에 왕따를 당하는 것이 자살을 결심하는 것보다 더 심각한 심리적인 스트레스를 갖게 만든다는 충격적인 결과가 나왔다. 겉으로 보기에 말이 없고 혼자 다니는 여학생은 가시적으로 드러나는 신체적 언어적 폭력을 당하는 것은 아니지만 이 여학생이 겪는 보이지 않는 심리적 정서적 충격이 가히 자살과 맞먹는다는 결과는 다시 한번 평화 감수성의 필요성에 대해 경종을 울린다.

조금만 더 민감하게 타인에 대해 관심을 가지고, 홀로 있는 아이에게 말을 걸어 주고, 괴롭힘을 당하는 아이를 대신해서 말을 해 줄 수 있는 능력. 이것이 바로 평화 감수성의 추구하는 소소하지만 강한 능력이라 할 수 있겠다.

다음 페이지의 그림은 개인적, 관계적, 지역 사회적 차원에서의 학교폭력 방지 대책을 도식화해 놓은 그림이다.

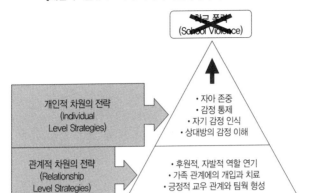

[개인적 · 관계적 · 지역 사회적 차원에서의 학교폭력 방지 대책]

출처: 정재준 (2012). 미국의 학교폭력 방지대책. 법학, 53, 544쪽.

　같은 공간에 오랜 시간 동안 같이 있는다고 해서 유대감이 쌓이지 않는다는 것을 우리는 잘 안다. 구성원들이 같은 공간과 같은 시간에 협력하고 소통하며 마음을 나눌 수 있는 기회를 제공할 때만이 유대감과 공감이 쌓인다. 우리 교실의 현실은 입시 위주의 경쟁 문화로 이러한 심리적인 연결을 경험할 수 있는 시간과 여유가 없다. 학교에서만 대책을 마련한다고 해서 아이들이 학교폭력의 위험에서 자유로워질 수 있는 것이 아니다.

　위의 그림에서 보여 주는 바처럼 학교폭력 예방 및 방지 대책은 각각의 학생을 둘러싸고 있는 개인, 가정, 지역사회 맥락에 대한 이해와 그 구성원들 간의 협력과 소통을 촉진시키는 방향으로 이루어져야 한다.

학교 안 갈등의 극단적인 모습 중 하나인 학교폭력은 개인의 자존감 결여와 가정에서의 불화, 학교의 경쟁적 문화, 사회적으로 커져가는 소득 격차 등 다양한 사회 문화적 문제가 총체적으로 응집되어 나타난 현상이다. 학교 안 갈등은 학교 안에서 이루어지는 갈등으로 보이지만 사실은 학교 외부의 갈등이 학교 안에서 폭발한 것일 뿐이다. 그래서 학교 안에서만 갈등의 원인을 찾게 되면 길을 잃을 수밖에 없다.

따라서 정부는 학교 안의 갈등의 문제를 일부 청소년들의 비행이나 각 학생들 간의 문제라는 좁은 틀 안에서 해결하려고 하는 현행법과 제도에서 벗어나 좀 더 전체적으로(holistic) 접근하여 갈등의 근본적인 문제를 직시하고 학교 안 갈등의 해결 방안을 모색해야 한다. 이를 위해 지역사회의 전문가 집단 및 민간단체가 그 지역의 학교폭력을 해결하기 위해 서로 교류하고 소통할 수 있는 플랫폼의 마련이 시급하다.

가장 좋은 방법은 정기적으로 간담회나 세미나를 열어서 만남과 교류를 촉진하는 것이겠지만 코로나 때문에 여의치 않다면 온라인에서라도 소통을 시작할 수 있도록 사이버 공간을 만드는 것부터 시작하자. 이를 통해 학교폭력이 단순히 한 학생 및 가정의 문제가 아니라 학교 및 이를 둘러싼 우리 공동체 '공통의 문제'라는 인식을 갖는 것이 중요하다.

자생적으로 쌓여진 인식과 노력이야 말로 언론에서 자극적으로 쏟아내는 학교폭력의 폐단을 학교와 학생의 상황에 맞게 교육적으로 해결해 나갈 수 있는 실마리가 된다. 진보적인 학교폭력 예방 및 처리 정책 및 제도를 가지고 있는 북유럽 국가들은 정부 주도의 정책에서 벗어나 이런 지역사회에 기반 한 시민 주도형 캠페인 및 프로그램이 활발히 실행되고 있는 나라라는 것을 상기해야 한다.

이렇게 해서 조성된 광범위한 사회적 인식과 지원은 교장 선생님들과 담당선생님들이 학교 내부적으로 학교폭력을 교육적으로 해결할 수 있게 해 주는 기폭제 역할을 하게 된다.

교사와 학생 간 신뢰 형성

사실 학교폭력이란 학생 안에 내재된 갈등적 요소가 학생 간 폭력으로 드러난 것뿐이다. 따라서 교사는 학교폭력이 생기게 된 학생 간 갈등 양상을 정확하게 파악하는 것이 급선무이다. 갈등을 정확하게 파악하기 위해서는 학생과 교사 간 신뢰관계가 자리 잡고 있어야 한다. 다소 철학적이긴 하지만 앞서 언급했던 이스라엘의 평화교육자였던 마르틴 부버가 한 다음의 말이 교사 학생 간의 신뢰관계에 대한 통찰을 제공해줄 것이다:[7]

"한 아이가 처음으로 교사에게 다가옵니다. 그 표정이 약간은 고집

---

7   마르틴 부버 (2010). 『교육강연집』, 지식을만드는지식. 79, 81, 82, 87쪽.

있어 보이지만, 손은 떨리고 있고, 아주 개방적이고, 자신에 찬 희망에 불타고 있습니다. 그리고 교사에게 묻습니다. 어떤 특정한 상황 속에서 무엇이 옳으냐고. 예를 들어, 친구를 믿고 비밀을 얘기했는데, 그 친구가 이를 누설했을 경우, 이 친구와 대화해야 할지 혹은 앞으로는 더 이상 그 친구를 믿지 않는 것으로 만족해야 할지 등의 질문이라고 합시다. 이때 교사는 대답해야 합니다. 책임 있게, 어떤 대답을 해 주어야 합니다. 그리고 이 대답은 아마도 학생이 물어 온 그 두 가지 방법을 넘어서는, 올바른 제3의 가능성을 열어 주는 대답이어야 합니다.

그리고 이런 일은, 신뢰의 분위기 속에서만 가능합니다. 신뢰는 얻고자 노력한다고 해서 당연히 얻어지는 것이 아닙니다. 신뢰는 그가 대하고 있는 사람의 삶, 그러니깐 여기서는 학생의 삶에, 직접적이고 편견 없이 참여할 때, 그리고 여기서 연유하는 책임을 질 때 주어지는 것입니다. 교육의 열매를 맺게 하는 것은 교육적 의도가 아니라 교육적 만남입니다.

교사는 신뢰가 무르익었다고 해서 매사에 의견 일치가 편만할 것이라고 기대해서는 안 됩니다. 신뢰는 닫혀 있던 것이 파열되는 것이고, 무조건적 동의를 의미하지는 않습니다. 갈등도 때로는, 그것이 좋은 분위기에서 해소될 수만 있다면, 사람을 교육한다는 사실을 교사는 잊어서는 안 됩니다. 학생과의 갈등이 교사에게는 최상의 시험대입니다.

교육자는 학생과의 갈등 상황에서 자신을 시험합니다. 즉 교육자는 학생을 받아들이고, 상황이 어떻게 전개되든, 갈등을 넘어 삶으로의 길을 찾아내야 합니다. 신뢰가 흔들리지 않는 삶 속으로, 그리고 그 속에서 신비스러운 방법으로 신뢰가 점점 늘어나고 지속되는 삶으로의 길 말입니다."

마르틴 부버의 위의 말처럼 교사는 학교폭력 '문제'를 해결하기 전에 과연 가해자이던 피해자이던 이 학생이 나에게 신뢰를 가지고 있는지 그리고 그 신뢰의 기반 아래서 나에게 솔직하게 이야기를 해 줄 수 있는지를 먼저 점검해야 한다. 이러한 신뢰의 기반 없이는 아무리 많은 정보와 사실을 찾아내고 나열하고 분석한다고 해도 갈등의 본질을 파악하기 어려울 뿐만 아니라 그 갈등을 봉합하고 교육적인 해결책을 찾아 아이들에게 회복의 손길을 내밀기는 더 어렵다.

비폭력 평화교육의 필요성

평화교육에서는 일차적으로 의사소통을 포함한 비폭력 기술을 가르침으로써 갈등을 변형시키고자 한다. 이러한 평화교육의 우선적 목표는 학생들로 하여금 갈등이 비폭력적으로 중재되고 해결될 수 있다고 믿게 해 주는 것인데, 이를 위해 학생들은 갈등에 대해 직접적으로 말해보고, 투표나 타협 또는 합의 전략을 사용해 보면서 싸움이나 경쟁 대신 대안을 마련해 보고 문제를 비폭력적으로 해결하겠다는 단호한 약속으로 이어지게 한다.

이러한 과정을 통해 또래 조정(peer mediation)과 같은 화해 프로세

스를 만들어 내고 우리 학급 혹은 학교 고유의 회복적 정의(restorative justice)의 모델을 경험해 보게 하는 것이 중요하다. 이러한 모델은 학생 간의 갈등과 문제를 학생 주도로 조정하는 방법 마련하기, 피해자의 요구와 밀접하게 연관하여 시인 된 잘못을 어떻게 배상할 것인지 해결책 찾기, 누가 피해를 입었고 학교에서는 무엇이 폭력적인 행위를 구성하는지에 대한 정확한 조사를 포함한다.

이미 피해가 일어난 상황에 대해서도 교사는 적극적으로 개입하여 학교폭력에 연루된 학생들뿐 아니라 방관했던 학생들까지도 폭력적인 상황에서 어떻게 '비폭력적인 방식'으로 갈등 상황에 놓인 학생들 간 협상을 도모하고 조정 과정을 통해 풀어나갈 수 있는지 배울 수 있는 기회로 삼아야 한다.

이런 중재 과정에서 가장 중요하게 생각해야 할 부분은 바로 문제를 사람과 분리하는 것이다. 중재의 과정은 효율적이고 원만하게 문제를 해결하는 것을 목표로 하고 있기 때문에 갈등과 폭력의 원인에 대해선 분명하고 엄격하게 파악을 하되 연루된 학생들은 가능한 한 부드럽게 대하는 것이 필요하다.

미국의 평화교육자인 콜먼 맥카시는 이에 대해 저서 『19년간의 평화수업』에서 "한 사람과 한 사람 사이의 갈등이든 국가와 국가 사이의 갈등이든, 대부분의 경우 '나는 옳고, 너는 틀리다'는 굳은 믿음 때문에 생긴다. '나는 착한데, 너는 나쁘다', '나는 똑똑한데, 너는 어리석다', '나는 이길 만한 가치가 있고, 너는 지는 게 마땅하다'는 식의 사고방식이 문제인 것이다. … 그러나 문제를 가진 '상대방'이 아니라 '문제 그 자체'에 초점을 둔다면 경쟁이 아니라 서로 도우는 분위기가 살아날 수 있다."라고 설명하고 있다.[8]

덧붙여 학생들 간의 폭력이나 싸움이 일어난 장소에 떠나 갈등을 풀 수 있는 중립적인 장소를 골라서 중재를 할 것을 제안한다. 미국이나 유럽의 몇몇 진보적인 학교에서는 이를 위해 '평화의 방'을 운영하고 있는데, 그 주에 싸움을 했던 학생들은 일정 시간에 이 방에 들어가서 갈등 해결법 훈련 과정을 거친 또래 중재자인 친구들과 함께 이야기를 하면서 감정을 해소하고 화해의 물고를 트게 된다.[9]

이러한 또래 중재자들이 훈련 과정에서 가장 심도 있게 배우는 부분이 갈등 상황에 놓인 친구들의 이야기를 주의 깊게 듣고 그들의 관점에서 사례를 이해하기 위해 반복적으로 그들의 이야기를 긍정해 주면서 반응하는 법이다.

마지막으로 중재 과정에서 중요한 것은 학생들로 하여금 '뒤(backward)'가 아닌 '앞(forward)'을 보게 하는 것이다. 왜냐하면 갈등의 원인이 어디서 왔는지도 중요하지만 이보다는 '어떻게 갈등을 해결하고 싶은지' 앞으로 나아가야 하는 방향에 관심을 집중시키면 너와 내가 가지고 있는 이해관계도 더 잘 만족시킬 수 있기 때문이다. 즉 어제 한 일을 정당화하고 설명하는 대신 내일 그리고 미래에 내가 원하는 삶을 살기 위해서 지금 이 문제를 어떻게 해결하는 것이 효과적인가에 이야기의 초점을 맞춘다면 더 원만한 해결책이 나올

---

8   콜먼 맥카시 저, 이철우 역 (2007). 『19년간의 평화수업』, 책으로 여는 세상, 118쪽.

9   위의 책, 120쪽.

수 있다.

궁극적으로 학생들은 이러한 과정을 통해서 교사와 그리고 다른 학생들과 대화적 관계를 형성하는 법을 배우게 된다. "대화의 본질은 나와 네가 서로 상대방의 다름을 받아들이는 것"인데,[10] 이러한 상호인격적인 신뢰 관계를 맺는 것을 터득한 학생들과 교사 그리고 이들이 이루는 공동체야 말로 학교폭력의 가장 큰 예방책이 될 것임을 확신한다.

부모가 자녀를 위해 꼭 해야 할 일

이쯤에서 짚고 넘어가야 할 점은 이 책에서 학교폭력의 사회 문화적인 원인, 즉 가해 학생 및 가정의 외부적인 요인에 대해 많이 언급을 했음에도 불구하고 궁극적으로 학교폭력의 책임은 학생과 그 가정에 있다는 것이다. 이 말을 하는 이유는 학생과 학부모를 탓하고 정죄하기 위해서가 아닌 잠재적 가해자가 될 수 있는 우리 모두에게 경종을 울리기 위해서이다.

앞서 언급했지만 다른 나라와 비교해서 우리나라 학교폭력의 특이한 점은 바로 학교폭력 피해자의 자살률이 높다는 것이다. 2007년 이후 우리나라에서 청소년 사망 원인의 1위는 자살이며, 이는 사고

---

10 오기성 (2019). 부버(Martin Buber)의 관계철학의 관점에서 본 통일 교육. 교육논총, 39, 317-337. 331쪽.

나 질병으로 세상을 등지는 청소년의 숫자보다 압도적으로 많다. 이러한 현상에 대해서는 다양한 해석이 가능하겠지만, 무엇보다도 우리나라 청소년과 청년들의 낮은 자존감과 연결된다고 볼 수 있다. 예컨대, 한국청소년학회지에 실린 한 보고서에 따르면 사회불안과 자존감이 유의미한 상관관계를 보이며 한국의 경우 청년층이 노년층 수준의 낮은 자존감 경향을 나타내는 것으로 분석되었다.[11]

사실 자존감은 대단한 것이 아니다. 자존감은 스스로를 인정하고 귀하게 여기는 감정으로 쉽게 말하면 '나는 괜찮은 사람이야'라고 느끼는 것이다. 이는 한 사람이 태어나고 자라면서 가장 밑바탕이 되는 감정이기 때문에 갑자기 생기거나 사라지는 것이 아니고 양육 기간 동안 부모의 꾸준한 사랑과 관심 아래 자연스럽게 생겨나는 감정이다. 따라서 학부모는 무엇보다 자녀가 학교와 사회에 나가 마주칠 다양한 갈등 상황에 대처하는 방법이나 기술을 알려 주기 전에 근본이 되는 마음의 힘, 자존감을 깊이 길러주어야 한다.

그뿐만 아니라 학부모는 자녀가 적절하게 자신의 분노를 조절하고 표출하는 법에 대해서도 세심한 관심을 기울이며 가르쳐야 한다. 대한정신건강의학회 조사에 따르면 한국인의 50%가 분노조절 장애를 겪고 있고, 이 중 10%는 치료가 필요한 상황이라는 충격적인 결과가 나왔다.

분노와 관련된 감정 조절의 문제는 우리나라뿐만 아니라 미국, 영

---

11   김혜미, 문혜진, 장혜림 (2015). 성인기 자아 존중감 변화와 영향요인에 대한 연구. 한국사회복지학, 67(1), 83-107.

국 등 선진국에서도 사회적인 문제가 되고 있는데, 2015년에 미국 듀크 대학의 정신의학자 제프리 스완슨 교수가 『행동과학과 법』 저널에 발표한 논문에 따르면 미국인 400만 명이 분노, 충동조절 장애를 겪고 있거나 겪은 전력이 있다고 나왔으며, 미국 성인 인구의 1.5%가 화가 나 있거나 충동적이며, 평소에 총기를 소지하고 다닌다고 발표했다.[12] 미국의 학교폭력과 관련하여 유난히 총기 사건이 많은 것도 이와 무관하지 않다.

이렇게 분노, 충동 조절 장애는 무한 경쟁 사회를 살아가고 있는 우리나라뿐만 아니라 선진국들의 공통적인 문제점이라 할 수 있겠는데, 이 때문에 학부모들은 무엇보다 우리 아이가 화를 낼 때 어떤 유형인지 생각해 보는 것도 필요하다. 다음은 분노 표출의 유형에 대해서 설명한 표이다.

[분노 표출 유형]

폭발형	화가 나면 버럭버럭 소리를 지르거나 급기야 손에 잡히는 걸 마구 집어던진다.
투사형	나는 화낼 만하니까 화낸 거고, 결국은 다 엄마(혹은 타인) 때문이라고 생각한다.
억압형	웬만하면 화를 안 내고 참는다. 화는 내지 않지만 삐진다.
표현형	화가 났을 땐 누구한테든 붙잡고 반복적으로 쏟아 낸다.
복수형	화를 나게 한 상대방에게 복수해야 화가 풀릴 것 같다고 한다.

12 Swanson, J. W., Sampson, N. A., Petukhova, M. V., Zaslavsky, A. M., Appelbaum, P. S., Swartz, M. S., & Kessler, R. C. (2015). Guns, impulsive angry behavior, and mental disorders: Results from the National Comorbidity Survey Replication (NCS-R). Behavioral sciences & the law, 33(2-3), 199-212.

우리 아이가 억합형이나 투사형 유형일 경우 겉으로 드러나지 않지만 속으로는 화를 내고 있다는 것을 인지하는 것이 중요하며, 이때 부모는 적절한 조치를 취하여 아이가 적절하게 분노를 해소하며 더 나아가 잘 다스려서 긍정적인 에너지로 전환할 수 있도록 도와주어야 한다. 왜냐하면 아이에게 화를 참는 법만 가르치면, 자신의 마음을 억압하며 대신 수동적인 공격성향을 갖는 사람으로 성장하게 될 수도 있기 때문이다.[13] 마땅히 해야 할 일을 의식적으로 하지 않은 것도 수동적 공격 행동의 하나인데, 어떤 장소에 지속적으로 지각을 하는 것은 그 장소에 무의식적으로 가고 싶지 않다거나 다른 걱정거리나 분노가 있다는 것을 의미할 수도 있다.

심리학자 로다 바루크(Rhoda Barch)가 저서 『창조적으로 분노하라(creative anger)』에서 '화만 잘 내도 인생이 달라진다'라고 지적한 바처럼, 아이에게 화를 잘 내는 법만 가르쳐도 아이의 인생이 달라지게 할 수 있다는 것을 깨달아야 한다. 이를 위해 학부모가 취할 수 있는 방법은 아이로 하여금 분노는 감춰야만 할 부끄러운 감정이고 화를 내는 건 버릇없는 태도라는 잘못된 편견을 없애고 대신 자연스러운 감정이라는 것을 인식하게 해 주어야 한다. 즉, 자신이 화가 났다는 사실에 죄책감을 가지는 대신 화가 났다는 것은 무언가 잘못되고 뒤틀렸다는 말이고 시급히 이 문제를 해결해야 한다는 뜻임을 자각하게 해주자는 것이다.

이때 중요한 것은 자신을 화나게 하는 원인이 구체적으로 무엇인

13 안드레아 브랜트저, 박미경 역 (2018). 『소심한 공격자들』, 영인미디어.

지 인지하는 것이다. 어느 정도 진정이 된 다음에는 분노를 느끼게 한 상대에게 자신의 감정을 적절하게 설명할 수 있는 것이 필요하다. 이를 통해 상대방과 함께 가능한 해결책까지 함께 찾아보고 확인해 보는 단계로 나아갈 수 있다.

스스로 마음을 챙기는 연습

마지막으로 학생 스스로의 노력이 가장 중요하다고 볼 수 있는데 폭력적인 방법을 사용하거나 갈등 상황으로 자신을 내몰기 전에 스스로의 마음을 돌보고 챙길 수 있는 습관을 일상 속에서 길러야 한다. 예컨대, 내가 어떤 것에 화가 나고, 화가 나지 않는지 정확히 파악하는 지식, 분노할 경우 내가 어떤 행동을 하고 이 행동을 지속할 것인지 아니면 다른 행동을 할 것인지 파악해 보는 성찰의 시간이 무엇보다 중요하다. 이를 심리학적인 용어로는 '메타 인지(meta-cognition)'이라고 하는데, 메타 인지능력은 우리 자신의 사고 과정을 바라보는 또 하나의 눈이라고 할 수 있다. 즉 메타 인지는 자신의 인지적 활동에 대해 인식하고 조절하는 능력으로 분노 조절에도 메타 인지능력은 필수적이라고 할 수 있다.

화가 나거나 우울한 감정이 들 때 거울을 보거나 일기를 쓰면서 나의 감정에 대해 파악해 보고 생각하는 시간을 가져야 한다. 또한 부모님이나 주변 사람들에게 도움을 청하며 전문가와 상담을 받아

보거나 심할 경우 인지행동치료나 약물치료를 받는 등의 대안도 고려해 보아야 한다.

자전적 글쓰기도 우울증이나 감정을 조절하는 데 큰 도움이 되는 것으로 밝혀졌는데, 국내에서 발표된 한 논문에 따르면 자전적 글쓰기를 한 후 실험 대상자들의 '자아 존중감' 점수도 크게 향상된 것으로 밝혀졌다.[14] 일기 쓰기나 자전적 글쓰기 활동을 통해서 학생은 스스로의 마음을 깨끗하게 정리할 수 있게 된다. 학생은 "다른 사람들에게 어떻게 살아야 하는지 말하기에 앞서, 뒤범벅이 된 내 인생부터 정리할 필요가 있어."라고 스스로에게 되뇌일 수 있게 되며, 이러한 자기 반성 및 성찰의 시간은 한 사람의 인격의 발달과 변화에 있어 가장 본질적인 힘을 제공하게 될 것이다.[15]

미국에서 오랜 시간 동안 비폭력 교육을 실천해 온 짐 더글라스가 한 다음의 말은 비단 학생뿐만 아니라 학교폭력 예방과 해결에 관심을 가진 우리 모두가 지속적으로 곱씹어야 할 메시지이다.

"우리가 비폭력에 몸 바치게 되면서 가장 먼저 혼란에 빠진 것은 시스템이 아니라 바로 우리의 삶이었습니다."

---

14 김인숙 (2007). 그룹 자서전 쓰기 프로그램이 중년여성 우울증 치료에 미치는 영향, 가톨릭 대학교 교육대학원 석사학위논문.
15 콜먼 맥카시 저, 이철우 역 (2007). 『19년간의 평화수업』, 책으로 여는 세상, 121쪽.

처음 시작하는 비폭력 수업

학교폭력에 대처하는 세계의 교육

1판 1쇄 인쇄 2021년 12월 24일
1판 1쇄 발행 2021년 12월 30일

지은이   김선
발행처   도서출판 혜화동
발행인   이상호
편집   권은경

주소   서울특별시 강서구 공항대로 237 (마곡동) 에이스타워마곡 1108호 (07803)
등록   2017년 8월 16일 (제2017-000158호)
전화   070-8728-7484
팩스   031-624-5386
전자우편 hyehwadong79@naver.com
ISBN   979-11-90049-25-2 03370

• 책값은 뒤표지에 있습니다.
• 잘못된 책은 바꾸어 드립니다